提高图书馆服务与管理质量的途径研究

张小英　张素兰　陈国平 ◎ 著

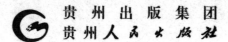
贵州出版集团
贵州人民出版社

图书在版编目（CIP）数据

提高图书馆服务与管理质量的途径研究 / 张小英,
张素兰, 陈国平著. -- 贵阳 : 贵州人民出版社, 2023.9
ISBN 978-7-221-17815-2

Ⅰ. ①提… Ⅱ. ①张… ②张… ③陈… Ⅲ. ①图书馆
服务—研究②图书馆管理—研究 Ⅳ. ①G252②G251

中国国家版本馆CIP数据核字(2023)第155536号

TIGAO TUSHUGUAN FUWU YU GUANLI ZHILIANG DE TUJINGYANJIU

提高图书馆服务与管理质量的途径研究

张小英　张素兰　陈国平　著

出 版 人　朱文迅
策划编辑　苏　轼
责任编辑　徐楚韵
装帧设计　北京万瑞铭图文化传媒有限公司
责任印制　陈　楠

出版发行　贵州出版集团　贵州人民出版社
地　　址　贵阳市观山湖区中天会展城会展东路SOHO公寓A座
印　　刷　天津旭丰源印刷有限公司
版　　次　2024年07月第1版
印　　次　2024年07月第1次印刷
开　　本　787毫米×1092毫米　1 / 16
印　　张　13.25
字　　数　208千字
书　　号　ISBN 978-7-221-17815-2
定　　价　68.00元

前言

　　图书馆的服务泛指利用馆藏资源和空间设施为读者提供文献和情报的一系列活动，它不仅通过阅览和外借的方式向读者提供印刷型书刊资料，而且还提供文献缩微复制、参考咨询、编译报道、情报检索、情报服务、定题情报检索、专题讲座、展览以及图书馆的空间和设施服务。期间经历了从封闭到开放，从仅提供一次文献到兼提供二、三次文献服务的漫长历史过程，有时也把图书馆的服务混同于图书馆读者工作，把对读者工作的研究代替了对图书馆服务的研究。现代科学技术，特别是计算机技术、声像技术、通信技术、缩微技术等在图书馆的广泛应用，使图书馆服务方式和服务手段日益多样化，服务范围也日益扩大和发展，服务效率不断提高。同时，随着互联网技术的普及开始出现电子版图书，使信息的载体更加丰富，让人们可以更方便快捷地获取信息。图书馆服务正沿着社会化和自动化方向迅速发展，图书馆服务在人们的物质生活和精神生活中将发挥越来越重要的作用。

　　图书馆的转型和数字图书馆及智慧图书馆的涌现，使图书馆服务的内涵也在不断地扩大，其服务体系越来越丰富和复杂，在图书馆的工作中发挥越来越重要的作用。图书馆的服务体系就是读者服务方法体系，它是由诸多服务体系构成的多功能、多层次的有机整体。这个体系包括文献外借服务、馆内阅览服务、馆外借阅服务、参考咨询服务、用户教育服务等等。各种服务都有其相对独立的功能、效果和适用范围，而作为整个服务方法体系的组成部分，各种方法之间是相互联系、相互补充、相互渗透、紧密结合的。众所周知，服务是图书馆永恒不变的根本，图书馆的活动都是围绕服务而开展的。

　　图书馆作为人类保存与获取知识信息的社会机构，有责任为国家建设中的科学、文化、教育和科研工作提供更高层次的服务，满足人们的信息需求。为此，图书馆必须要做好服务与管理工作。随着科学技术的飞速发展，现代信息技术在图书馆得到了广泛应用，图书馆服务与管理工作的内容、方式和手段都发生了翻天覆地的变化。因此，提高图书馆服务与管理质量的途径研究，成为国家公共文化服务体系建设工作的重要课题。

　　在编写过程中参阅了大量国内外同仁的著作和论文等方面的文献，在此对引用作者表示衷心的感谢。由于作者的水平和掌握的资料有限，书中难免会存在缺点和不足，恳请专家、同行和广大读者提出宝贵意见。

目　录

第一章 图书馆服务的基础认知

第一节 新形势下图书馆的变化

一、新形势下图书馆职能变化与馆员素质问题

当前图书管理的职能正在从传统的有效维护馆藏品、整理资料、管理图书转向知识导航和知识评价、信息咨询等，传统概念中图书馆的种种职能在数字时代已变得不再准确。然而，图书馆的功能无论发生怎样的变化，总是通过图书馆工作人员的辛勤劳动、热情服务体现出来的。图书馆员的素质是影响乃至决定图书馆工作效率及发展的关键因素。

（一）新形势下图书馆职能的变化

新技术、新学科层出不穷，计算机技术、信息技术、通信技术革命浪潮一浪高过一浪，网络技术的发展一日千里。在以信息高速公路和多媒体技术为标志的信息技术革命的推动下，图书馆开始向自动化、电子化和数字化的方向发展。现代图书馆事业也随之进入了一个崭新的发展阶段——数字图书馆应运而生。所谓数字图书馆，就是拥有多种媒体、内容丰富的数字化信息资源，是一种能为读者方便、快捷地提供信息的服务机制。数字图书馆是一个完整的系统，它由分布式、大规模和有组织的数据库及知识库组成，用户可以通过统一的检索界面，对系统内的数据库和知识库进行一致性的访问，并获取自己所需的最终信息资料。目前，全球范围内已有许多国家和地区积极利用最新信息技术创建数字图书馆系统及数字图书馆资源库，一批初具雏形的成果已在 Internet 上出现。数字图书馆的出现对于正在不断产生的浩瀚的信息资源的整理、管理、提取和服务具有十分重要的作用，它使图书馆的职能、运作方法、服务形态和服务方式都发生了深刻的变化。

　　首先是图书馆的基础和职能发生了变化。传统图书馆的基础是书刊文献信息资源，存储介质以纸质为主；而数字图书馆的基础则是数字信息资源，存储介质由传统的纸质转变为多种媒体，拥有现实的馆藏和虚拟的馆藏，数字信号可以处理多种媒体的信息，如文字、声音、图像、动画、三维体、虚拟空间等。可以提供生动、具体、逼真的形象的信息资源，可以用数字化的形式保存国家的珍本、善本等珍贵资料。因而其职能也相应地发生了变化，既有信息采集整理、信息资源的加工转换，又有信息发布和服务、数据信息维护等。随着社会的进步和科技的发展，信息生产量飞速增长，信息的发布和使用更便利，这样的形势对图书馆来说，信息的收集量、处理量和存储量也相应地不断增大。

　　其次是管理模式发生了变化。传统图书馆重视馆藏数量、规模，强调图书馆小而全、大而全。数字图书馆实现了资源共享，用户可以同时访问多个分布式多媒体信息源，为信息的查询和利用提供了有效的工具和方法，大大地扩充了信息的获取范围，提高了信息处理效率。读者在对传统的图书馆的使用中，往往被图书馆的地理位置所束缚，图书馆和图书馆之间的相互使用性无法更好地发挥。而数字图书馆超越了地理位置的限制，通过计算机网络形成与整个社会信息资源共享而又循环交流的新型图书馆模式，从而为读者提供新而快速、高效、大范围的各种服务，使图书馆从传统的管理模式向现代化管理方式转变。

　　最后是服务形态和方式发生了深刻的变化。传统图书馆最主要的目的只是收藏，在对所收藏的书刊资料保存、组织的基础上为读者提供查询、检索等各种服务，这是被动式的模式，且比较单一，读者来到图书馆，图书馆才为他们提供服务。而数字图书馆是将收藏、服务和人集成在一起，它所提供的服务是主动型的，服务模式广泛，服务内容多样，它提供给读者各种功能强大、方便实用的检索工具，既可检索馆藏传统图书资料，又可检索网上各种文献、资料数据库、电子刊物、电子图书等。它能够随时发布和广播各种信息资源的消息，不断地、主动地为读者提供所需的信息资源，提供导航式和个性化服务。这样图书馆服务模式就由原先被动式服务转变为主动式服务。

（二）图书馆职能的变化对馆员素质的要求

新形势下图书馆的职能、运作方法、服务形态和服务方式的深刻变化，现代信息技术对图书馆各项工作的渗透，给图书馆工作人员素质带来了严峻的挑战。网络环境下的图书馆职能的变化对馆员（在本书中泛指"图书馆从业人员"）的素质提出了新要求，图书馆员面临着知识和观念的更新。图书馆员必须从传统角色的束缚中解放出来，重塑新的角色。图书馆员仅将自己简单限定为"借借还还"的图书管理者，就无法满足网络信息时代的新要求，传统通用型图书馆员已越来越难以满足信息社会发展的需要，而既懂图书馆业务，又懂计算机技术和外语的复合型图书馆员成为时代对图书馆员的必然要求。

新形势下图书馆员既要有从事传统图书馆工作的专业知识、素质和技能，又要努力掌握新知识、新技术，包括计算机信息管理知识和技能，只有这样才能做好收集数字化的信息源和将图书馆内的部分信息资源数字化的基础工作。在网络环境下，计算机网络和信息化管理成为现代图书馆的重要管理手段，现代计算机技术渗透到图书馆各个管理职能部门，仅仅对这些媒体信息数字化是远远不够的，图书馆的专业人员要对信息内容再加工，根据各种媒体的特性进行标引、数据加工、限制、缩放等。简单地将传统图书馆中惯用的检索手段如关键词、题名、布尔逻辑等查询方式应用于数字图书馆，远远无法解决数字图书馆中浩瀚的信息资源的查准和查全的问题。数字图书馆需要有智能化的搜索引擎、交互式智能化而又简单易用的多媒体检索工具，让读者在数字化图书馆系统的各种数据库和知识库中获取有组织的、连续性的、真正所需的信息资源，让使用者不必预先了解或学习检索各种类型数据库的技术和方法，即可获得确切的信息资源。

随着图书馆网上电子信息资源服务的增加和数字图书馆的建设，许多基于网络的参考咨询服务已成为图书馆建设的重要组成部分。如数字参考咨询服务、虚拟参考咨询服务、网上参考咨询服务、电子参考咨询服务，这些都是基于 Web 上的参考咨询服务，仅是使用的名称不一样或形式上有所区别而已。目前国内的一些主要图书馆也正在紧跟此服务模式，特别是在风起云涌的数字图书馆建设中，为了最大限度并以最快的速度解答读者在使用数字图书馆时出现的问题，不少图书馆已把虚拟参考咨询服务作为数字图书馆建设的一个重要组成部分。因此，图书馆员必须具备现代计算机技术，才能不断地综合最新的科技动态，把握新科技和新学科的发展趋势，对读者进行信息资源利用导航，发挥网络环境下图书馆的参考咨询服务作用。

（三）提高图书馆员素质的途径

图书馆员素质直接关系到图书馆的管理水平和服务质量。目前，图书馆员的素质与数字图书馆对图书馆员素质的要求还有相当大的差距。因而，如何根据时代要求提高图书馆员素质、提高现代图书馆管理水平成为一个需要我们认真探讨的问题。

首先，与时俱进、更新观念，重视图书信息管理工作。图书馆工作是一项较强的服务性工作，它要求图书馆员要有较强的事业心和责任心。在网络环境下，图书馆员在处理和传递信息中的作用和价值更加显现。通过高科技网络的延伸，图书情报机构可以为国家的文化教育和经济建设提供更多、更深层次的信息服务，他们在促进经济发展、提高国民素质方面能起更重要的作用。通过图书馆员与情报工作人员的服务来提高被服务者的知识和技能，它创造的价值最终凝结在被服务者身上。国外一直很重视图书馆员与情报工作人员的地位和发展，而我们在某些方面做得不够。随着新观念的引入和国家不断的重视，图书馆员与情报工作人员必将得到人们更多的尊重和理解。同时，图书馆员也要端正思想，认清网络环境给图书馆工作带来的机遇和挑战，明确自己担负的使命，进一步增强做好图书信息管理工作的责任感和使命感。

其次，图书馆工作人员要树立终身学习的理念，应自觉关注信息技术的发展及其对图书馆信息服务的影响，要保持旺盛的求知欲望和积极的进取精神。

网络的发展带来了全新的观念和思维模式，并要求人们的一切思想和思维都要以网络为中心。知识结构单一的图书馆员已无法胜任网络工作的多项职能以及图书资料综合开发的需要。图书馆员必须紧跟信息时代的前进步伐，适应图书馆职能和作用的不断调整与强化，不断增强现代化意识、情报意识、服务意识，特别是要提高信息服务意识。要充分学会利用现代信息技术开展全方位的知识信息服务，积极开展网络知识信息服务，顺应时代的要求。成为优秀的、新型的图书馆员。

再次，通过继续教育提高图书馆员的文化素质和业务素质，提高他们的综合技能。继续教育要考虑图书馆员的文化水平、专业结构及现实需要，采取系统培训和岗位培训相结合的方式。为了提高网络环境下图书馆员的素质，可以有计划地对图书馆员进行系统培训。加强图书馆学、情报学基础知识及基本工作技能的培训，这是开展图书工作的基础；加强基本的现代科学知识的培训，特别是计算机基础知识和网络知识的培训，增强基于网络的参考咨询服务的能力；加强外语知识的培训，使图书馆员能迅速、充分掌握各方面的信息。在系统培训的基础上积极倡导在职学习，不断提高图书馆工作人员接受新知识、掌握新技术的能力，使自己的思维能力和工作能力逐步达到现代化，成为自己所从事的具体工作的业务能手和专家。

最后，积极开展学术交流。图书馆员在学习、掌握专业知识、信息技术的基础上创造条件积极开展学术交流，这会极大地提高图书馆员的素质。

总之，网络环境下数字图书馆的产生，图书馆职能及服务形式的变化对图书馆员的素质提出了更高的要求，图书馆员应与时俱进，勇于创新，不断提高自身的素质，适应时代的需要。

二、图书馆自动化管理与服务提升

图书馆的职能除了收藏一些图书资源外，更为重要的是将自己现有的文献资源最大限度地传输给人们，满足人们所需的阅读资源，丰富人们的知识视野，提高人们的科学文化素养。尤其在这样一个信息化高速发展的时代，文化软实力已成为衡量一个国家综合国力的重要指标。而我国作为一个发展中的国家，科学文化技术水平较低，面对发达国家文化产业的高度发展，这无疑给我们带来了巨大的挑战。对此，我们需要做的就是加强文化产业和文化事业的建设，坚持创新发展的理念，加快图书馆的自动化管理，为人们提供高水平、高质量的图书馆服务，不断促进我国经济的发展，从而营造一个优越的、和谐的社会环境。

（一）图书馆自动化管理与服务的现状

随着信息化网络技术的蓬勃发展，射频识别技术（RFID）的应用空间在不断地发展壮大。这项技术是一项非接触形式的扫描识别技术，是通过二维码电子识别标签进行自动识别，它在社会各个领域中发挥着越来越重要的作用。我们重点阐述它在图书馆的管理中的运用，由于它能够在现存的图书管理备份的数据中通过二维码进行过滤识别，这使得图书馆的管理与服务逐渐实现了向信息化管理与服务的转变。运用射频识别技术可以大大改善图书馆的管理工作，提高自身的服务质量，充分满足人们的需求。但在其发展的过程中也遇到一些管理与服务的问题，这严重制约着图书馆服务效益的提升。

1. 射频识别技术成本较高，降低了高技术的使用率

射频识别技术作为一种新型的技术，它在图书馆自动化管理工作中的应用可以取代传统的条码和磁条，有着方便快捷的优点，可以大大提高工作效率。但是存在的问题是射频识别技术成本较高，如果一些地方的图书馆经费有限，则不可能很好地运用射频识别技术并配套相应的设备。这使得人们无法更加方便快捷地查阅馆藏文献，无法快速获取信息资源，从而导致馆藏资源丰富但利用率低。一方面，增加了图书馆管理的成本；另一方面，极大地损失了用户。这将无法提高图书馆的管理效率及服务水平，从而影响图书馆自动化的管理与服务。

2. 传统的图书馆服务理念忽视"以人为本"

传统的图书馆服务理念侧重于图书馆藏书的种类及数量，总想要使得藏书更加全面丰富，认为只有这样，才能够使人们在阅读时找到自己所需要的书籍，在最大限度上满足人们的需要。这样的服务只是做到了对书籍的管理、对事物的重视，而在一定程度上忽视了"人"这个主体，没有坚持"以人为本"的理念，这样的服务理念过于单一，而且不适应新时代的要求。在信息化高速发展的时代，知识信息日益传播与更新，如果靠传统的服务理念忽视主体——人，这将使得巨大的藏书量无法发挥它的价值，无法满足人们所需的信息资源，不利于个人和社会的发展进步。

（二）提升图书馆自动化管理与服务的对策

1. 服务理念由"以书为本"向"以人为本"转变

传统的图书馆服务理念坚持"以书为本"，没有凸显人性化的服务理念，即没有坚持"以人为本"的服务理念，不能满足人们的个性化需求。要提升图书馆的服务水平，就必须加强管理员的培训工作，让他们明确树立"为人民服务"的价值观念，端正他们的服务态度。在工作中要做到尊重人、关心人，为人们提供满意的个性化服务，满足不同读者多样化的阅读需求，从而为营

造一个舒适温馨的阅读环境做出贡献。此外，图书馆管理员为进一步提升服务水平，应坚持公平公正的价值观念，即不论读者处于什么地位，每个人都享有享受图书馆提供服务的权力。图书馆作为一个为人们提供信息资源的载体，目的就是满足人们的需求，因而没有身份地位的差异，管理员必须要有"以人为本"的服务理念。

2. 创新管理与服务技术，积极开发信息资源

传统的藏书虽然种类丰富，却不能有效地满足读者的需要，这在于图书馆没有进行一定的创新，没有引进先进的管理技术，也没有足够的资金支持，仅仅依靠传统的管理模式。为了适应社会新形势的发展变化，就需要政府进行资金的扶持，帮助图书馆建设数字化的文献资源库，打破传统的手动检索，运用技术检索文献，从而实现管理与服务的高效化。我们所处的互联网时代，知识信息在不断更新，图书馆可以适当地开发一些有价值的网络资源，方便读者借阅。此外，由于我国的文化有一定的区域性，各个区域有自己独特的文化资源，为使读者对本区的文化有一定的了解，就需要构建有地方特色的馆藏资源。对管理技术及资源服务的创新，可以为人们提供全面的、高效的信息资源，满足人们多样化的需求，提升管理与服务水平。

图书馆自动化管理与服务是适应社会新形势的必然结果，是信息化时代的产物。要提升图书馆自动化管理与服务，不仅要在技术上、管理模式上进行创新，而且要坚持"以人为本"的服务理念，从读者的角度出发，做到公平公正，让每个人都充分享受权利。通过对图书馆自动化管理与服务水平的提升，可以最大限度地满足人们的个性化、多样化的需求，使之不断地适应社会的发展进步。同时，这也有利于促进我国文化事业的发展，加快我国的社会发展进程。

第二节 图书馆服务

一、服务的本质属性

（一）服务的定义

在人类社会中，人们无一不在创造、占有和利用满足人类欲望的物品。这些物品被经济学家称之为"自由物品"和"经济物品"。前者如阳光、空

气等，它无须通过努力就可自由地获得，且数量无限。后者则需要人类付出代价方能得到，而且数量有限。这种数量有限的经济物品存在形态有两个，即实物形态和非实物形态。前者即为商品，后者则被人们称为服务。可以说，在现代经济社会中，服务与商品一样无所不在，人们对服务的需求与对商品的需求并无二致。

如果仅从经济学的角度出发，服务就属于非物质性生产劳动与纯经济性的活动。然而，事物都是在变化着的，客观世界本身也处在无休无止的变化过程中。很多事物的形态、性质、所产生的作用等都在随着社会的发展而不断改变，人类对事物的认识也在实践活动中不断进步和提高。用辩证唯物主义的观点观察问题和分析事物、看待客观世界，就会发现对许多事物的认知也存在发展演进的问题，对服务的认识也不例外。

从社会学的角度全面分析，服务既可以表现为非物质性生产，又可以表现为物质性的产品生产。大多数的服务都表现出非物质活动的性质，例如，国家的交通运输行业、邮政、通信行业等，这些行业的活动都是借助特定的设施、设备或工具来为社会提供服务，在这一过程中，消费者并没有获得任何增值的物质性产品。但是，不能因此而断然肯定社会上的所有服务结果都是非实物形态的。例如，全世界公认的服务行业，餐饮行业，它提供的服务产品就是经过加工的、地地道道的物质性菜肴和饮品。厨师把食物的原材料加工、调配成美味的佳肴提供给消费者享用的整个劳动生产服务过程都体现出物质形态的生产过程。类似的还有照相行业、制衣行业等，都具有这种物质产品的生产性质。

当然，服务概念的外延很大，它是否属于交换性商品服务则应根据具体提供服务的实际性质来加以判断，不能一概将服务归于商品生产的范畴。还有自觉自愿地为某人或某事所提供的尽义务的服务，这显然超出了经济范围内以劳动力直接换取报酬的商品交换关系。但不管怎样，服务毕竟有劳动的消耗和付出，劳动者需要得到聘用者给予的物质性补偿，也许补偿的方式不局限于与最终消费者发生交换的形式。

（二）服务的本质

1.服务是有偿的自愿代劳行为

人类在生存和发展的过程中需要从事很多有目的的劳动。有些劳动简单易行，可以很方便地完成，而有些劳动却复杂而费事，需要费时费力，甚至超出了自己的承受能力，这时就需要求助于他人代替自己劳动。这是人类社会发展到一定阶段之后自然形成的社会生产关系。代替他人劳动的行为需要消耗体能，不能够白干，这就产生了劳动交换，即有偿代劳。久而久之这种有偿代劳行为经过不断调和与认定，形成相对稳定的等量交换，最终形成商品交换形式的社会经济关系。虽然服务这种代劳行为需要服从劳动对象的要求，但还是出于自愿，因为这种劳动是有回报的。它与阶级关系严重对抗的不平等社会中统治阶级占有劳动力并迫使其付出劳动服务完全不一样。

2. 服务是满足人类需要的社会化劳动

当社会生产力不断提高，劳动出现剩余产品之后人类就自然产生出提高生活质量的需求。社会需求的出现促使人类进行更细化的社会分工，于是各种专业的服务就以惊人的速度主动发展并自我完善，以适应人类的物质需求和精神需求。这种需求表现为自娱和得到他人给予的欢乐。为此，人们自愿花钱换取代劳而获得轻松和便利，花钱换取能满足物质和精神需求的他人服务。

每一个人的体能和智能都是有限的，无论怎样聪慧的人都只可能具备一项或几项特殊技能和专长，不可能创造出生活需要的一切产品和环境，因此自然产生出需要他人代劳的社会需要。由于社会分工的细化，每个人只需要掌握某类或某项专业技能就可以在社会自然分化的劳动环节中找到生存的空间，熟练、快速地进行生产，这些生产又自觉地组合成为相应的社会服务链，以高效的工作结果服务于人类社会。

3. 服务是人类建立的社会交往和合作关系

每个人都在社会中发挥着自身的作用，同时也接受社会和他人给予的回报。每个人都在尽自己的所能服务社会，同时也在接受全社会的服务。人生活在社会之中必然要产生社会交往行为，要发生与他人的合作关系。交往和合作是人类明显区别于动物的特有标志。

4. 服务是无形的社会产品

服务与物质产品一样具有社会产品的性质，但与物质产品有很大区别。一般情况下，服务不固化为物质形态，只表现为人类运动形态的劳动过程，所以被称为无形产品。这种产品既包含体力劳动的成分，又包含脑力劳动的成分，或者两者都有。服务的智能作用和技术作用在现代社会中显现得更加突出。服务可以满足人类的精神需求，这一明显带有感情色彩的功能是任何机械化生产方式所不能取代的。

物质产品的生产和制造可以借助机械化、自动化、电子化等现代技术造就的流水线生产方式减轻工人的劳动强度和减少劳动力的数量，但服务活动不论引进什么样的高科技手段和技术，其实质还是依靠人的智慧设计控制机械，使其按照人预先规定和设计好的程序运行而已。而且有些服务是机械化和自动化无法提供的，例如，精密仪器的修理、极富个性化的手工艺品制作等。因此，现代社会将服务行业看成是劳动密集型的行业之一。

5. 服务是物质产品体现社会价值的媒介

任何物质产品的生产都是为了销售。物质产品从生产到消费的中间存在一个流通的过程，这个流通的活动就是处在各个流通领域内的劳动者所提供的各种服务。可以说社会上所有的物质产品都是通过流通服务才传递到消费者手中的，并展现物质产品的自身价值的。服务不仅自身具有特殊的价值，还可以用社会需求的各种形式促使其他物质产品体现出使用价值。其实几乎所有的社会产品无一不是通过服务来实现其使用价值的。令人满意的销售服务可以使人们更清楚地理解商品的性能和作用，从而进一步刺激人们的消费欲望，而安全、快捷的运输服务可以让人们完美地享受到购物的快乐。

（三）服务的性质

如前所述，服务是以活动方式体现的具有特殊使用价值的无形的特殊产品。它既有使用价值，又有交换价值，因此多数服务都可以列入商品的范畴，具有商品的一切特征。服务的性质主要有以下方面：

1. 有用性

服务是按消费者的需要提供自身特殊功效的生产性活动，也是生产劳动。任何生产劳动都具有有用性。生产物质商品的生产劳动往往被人们忽视，因为它隐含在生产劳动后产生的实物商品之中。服务的有用性则表现得更为直观和具体，这是因为服务的有用性不仅表现在所提供服务的结果之中，而且还持续地显现在整个服务的过程之中。

2. 交换性

服务不等同于奉献（义务性质的服务除外），服务是具有交换性的，只是发生交换的方式不同而已。经济服务具有明确的交换目的，其供求关系就是服务提供者与服务需求者之间存在的交换关系。非经济服务并不意味着对经济本质的否定，只是交换的时间和空间都发生了常人不易理解的分离，或者说不是表现为服务者和消费者直接的货币交换。例如，某些政治服务和社会服务的劳动价值体现于国家的财政支出中，从事此类工作的劳动者与该部门之间就有着劳动力支出和工资领取的交换形态。

3. 无形性

服务多表现为非物质形态的活动，除了少数服务需要借助于某种物质形态的载体外，例如：客运服务，消费者并没有得到物质商品，但却达到了位置移动的结果，获得了省力、省时、省事的效果。实际上消费者购买的是服务的功能，服务提供了它的作用。

4. 直接性

服务有直接服务和间接服务之分，但是消费者往往只认可直接服务。直接服务是某个时间段内消费者和服务者之间直接发生的交换关系，它比较直观和具体，如商品销售员、饭店服务员、列车乘务员等所提供的服务。间接服务通常是直接服务的补充或提供直接服务的基础，如做计划、管理、调度、运输、商品进货等，其本质被直接服务的最后消费环节所掩盖。对消费者来说，无论服务有多少中间环节，以及这些中间环节需要付出多少劳动都与他无关，他只与提供最后服务的人接触，只认可直接服务。

5. 异质性

服务是由人提供的，接受服务者也是人，即便是同一个服务者所提供的服务在不同的时刻也可能有不同的水准。显然服务明显地受到情绪的左右，因而也有人把服务的这种性质称为情绪性。消费者提出服务要求时，必然期待得到满意的服务结果。这种满意还包括精神上的满足，所以服务明确提出了态度方面的要求。人们对服务质量优劣的评价大多数从服务态度方面来衡量，故而情绪性是服务从业人员的必修课。

6. 时间性

服务具有很强的时间性，很多服务都要求在特定的时间内完成。能够及时提供相应的服务才充分显示出它的社会解救功能，如救护、救火、治安求救、抢修等。服务的使用价值和交换价值会随着时间的流逝而逐渐消亡，没有谁会愿意接受遥遥无期的服务。如果消费者提出的服务委托没有及时提供，一经拖延，消费者可能就不再需要，其劳动价值也就无法体现。

7. 应变性

事物都在发展变化之中，服务行业也不例外。面对无限发展的社会需求，某项具体服务工作的准备总是有限的。在提供服务的过程中可能突发与服务环境、条件不相协调的变化，如果服务者在意想不到的变化面前无能为力，没有做出相应的物质准备或精神准备就可能导致消费者的不满，甚至终止服务。因此，服务行业必须注意应变能力的培养。

8. 困难性

服务面临的困难是多方面的，最无奈的困难莫过于物质条件跟不上、资金短缺，必须借助的专业设备设施和工具无法提供，或客观环境、条件受到限制，如场地狭小、设备老化、技术力量不足等。有时还会因为通常的服务模式与消费者的理解和习惯不一致而产生困难，如餐饮礼仪、用餐习惯等，这些因素都可能导致服务质量下降。因而服务行业人员需要具有较强的调整应对能力。

9. 生产与消费的同步性

服务不同于有形产品的生产而具有一定的时间间隔。服务一般具有生产与消费的同步性，即服务的生产与消费通常是同时进行，在服务者提供服务时，也正是消费者体验或消费服务的时刻，二者在时间上几乎处于同一时刻。消费者在享受服务的过程中甚至还充当合作者的角色，对服务的现场提供起着重要作用，最典型的如歌舞表演、专题讲座、按摩推拿等服务。

服务还具有许多其他的性质，如技术性、综合性、艺术性、缺乏所有权等，因限于篇幅，这里就不再赘述。

二、图书馆的服务

多年前，图书馆的馆藏数量和馆舍面积是衡量图书馆优劣的主要标准之一，而今，图书馆馆藏的多少和图书馆馆舍面积的大小已经不再是衡量图书馆最主要的标准。衡量图书馆最主要的标准是图书馆的服务，只有出色的服务才能体现图书馆的最大价值。

（一）图书馆服务的概念

图书馆服务是图书馆工作的主要组成部分，它有着丰富的内涵和外延，是图书馆联系社会和用户的桥梁，是图书馆工作价值的最终体现，也是图书馆工作的出发点和归宿。对图书馆服务概念的认识，对于开展图书馆服务工作和进行图书馆服务研究有着十分重要的意义。

图书馆服务通常所指的就是图书馆读者服务。由于现代图书馆服务功能的不断扩大和服务形式的丰富多样，图书馆的服务对象已经不再局限于读者这个传统的主要群体，而是扩大为其他需要图书馆提供各种类型服务的用户。因此，从广义上讲，图书馆服务已经包含了图书馆读者服务的内容，图书馆服务这一提法更加符合图书馆的工作实际，更有利于对图书馆服务进行深入的研究。

当前图书馆界对图书馆服务概念的界定众说纷纭。有人认为，图书馆服务是根据用户的文献信息需求，充分利用图书馆资源直接向用户提供文献信息的一系列活动。还有人认为，图书馆服务并不仅仅是指满足用户的信息需求而开展的各项工作，还应包括图书馆的服务理念、服务质量、服务环境和图书馆服务过程中馆员的业务能力、服务态度等内容。又有人认为，图书馆服务是图书馆运用图书馆资源满足用户对文献信息需求的行为和过程。还有人把图书馆文献的使用和服务工作，以及用户发展、用户研究、用户培训等一系列工作称为图书馆服务。

从上述对图书馆服务概念的众多界定中可以得出以下共同点：一是图书馆的服务对象是图书馆用户，是以读者为主体的社会各种组织和个人。二是图书馆资源（也可称为"图书馆服务资源"）应包括文献信息资源、人力资源、设施资源等一切可以用于提供服务的资源。三是图书馆服务的内容是以文献信息为主，也包括有需求的其他各种形式的服务。四是为满足社会和用户所需的各种服务手段和方式，是实现服务效果的前提条件。综合而论，"图书馆服务就是图书馆为了满足社会和用户的文献信息等多方面的需求，利用自身的资源，运用多种方法所开展的一系列服务活动"。

如果从服务营销学的角度分析，图书馆服务可以称之为知识服务产品，它是以信息知识的搜集、组织、分析、重组的知识和能力为基础，根据用户的需求和环境，融入用户解决问题的过程中，提供能够有效支持知识应用和知识创新的服务。图书馆服务是一种无形的服务产品，而且大多数是间接性的，其服务质量具有很强的用户感知成分。因此，为了显现图书馆服务的功能，应把图书馆服务这个服务产品细化为：

1. 核心服务

就是图书馆的基础服务，如为用户查询、分析、组织文献信息等过程。

2. 期望服务

用户到图书馆除了获得文献信息之外，还有一些附加需求，如方便快捷的借阅证办理手续、直观准确的导引标识系统、自由舒适的等候环境、清晰友好的检索查询界面、简易快速的文献下载输出服务等。

3. 增值服务

图书馆提供的是知识服务，它有别于其他服务产品。知识服务主要体现在图书馆馆员用自己的专业知识和分析判断能力对馆藏现有文献信息进行加工，从而形成新的具有独特价值的信息产品，为用户解决他们不能解决的问题。如图书馆的代译、代查、代检等服务。

4. 潜在服务

指用户得到服务产品所获得的潜在利益和价值。用户在接受图书馆提供的服务产品的同时，用户也得到启发和熏陶，用户自身的知识积累和文化修养也得到提高，使用户获得了服务产品的附加值。

上述四种服务中的后三种，图书馆也把它称为附加服务。

（二）图书馆的服务理念

所谓理念，其字面含义就是一种理想和信念。理念原是一个西方哲学史和西方美学史中的概念，一般理解为理性所产生的概念。而服务理念是指人们从事服务活动的主导思想，即服务主张和服务理想。服务理念具有公开性、传播性、一贯性、独特性和用户导向性等基本特征，以及前瞻性、继承性、挑战性、竞争性和深刻性等一般特征。图书馆服务理念则是图书馆为建立理想的用户关系、赢得用户信任所确定的基本信念和价值标准，同时也是馆员在从事服务工作中应遵循的基本信念和准则。

一个图书馆的服务理念是这个图书馆对于服务工作的理性认识、理想追求及其所形成的观念体系，它将指导整个图书馆的服务活动，决定图书馆服务工作的开展方式并影响图书馆提供服务的结果。中国图书馆服务理念在社会不断发展进步的过程中正在不断地创新和发展，它影响和指导着图书馆的服务方式的变革。从最早的藏书楼收藏珍贵文献为少数人服务，到近代传统图书馆为广大用户的学习和研究提供借阅服务，再到现在以现代网络通信技术和计算机技术为手段，力求实现跨越时间和空间的网上服务和信息资源共享的知识组织与管理，最大限度地满足用户的信息需求。这一服务方式的变化，正是在不断创新的服务理念指导下使图书馆服务工作取得的进步。

服务是图书馆的灵魂，如果图书馆不能通过有效而优质的服务在有益信息与需求用户之间架设起便捷的桥梁，图书馆就只是一个图书资料仓库。图书馆只有把服务理念深植人心，才能达到在任何时间、任何地点为任何人提供任何所需的信息服务的理想境界。因此，现代图书馆都十分重视服务理念的建设。

第三节 新形势下图书馆服务特征

图书馆服务是指用户在有文献与信息需求时，图书馆利用其本身的藏书资源对用户需求进行满足的一个过程，这就意味着图书馆需要在经营中投入一定的资源，并利用资源创造效益。图书馆需要在人员、基础设备以及信息资料方面进行投入，同时用户需要在此过程中投入精力与时间，并且需要经过用户与图书馆的资源（如馆员、信息资源、设施环境以及沟通交流等）进行互动后，产生经济效益。在图书馆服务过程中，图书馆与用户的活动是对立统一的，图书馆提供信息服务与用户享受信息服务是图书馆服务过程中的两个方面。图书馆服务是一种服务性产品，它同时具有一般服务的所有共性与自身特性。由此可见，加强认识图书馆服务特征能够帮助对图书馆服务的理解与认识程度提升，从而加强图书馆管理。

一、服务的无形性

图书馆服务的无形性在其服务过程与产出两方面得以体现。图书馆的服务不是一种实物产品，因而不能和其他实物产品一样进行交换或者展示。在对图书馆服务产品进行研究的相关文献中，比较了用户在图书馆看书以及到书店买书二者之间的差异，用户到书店中买书是进行有形事物的消费或者说是交换，这个过程是确定并且较为直观的，用户购买的是书籍这一事物的所有权，得到的是能够进行交换的实体商品；用户在图书馆中看书，这种活动是一个不确定、不可视的过程，用户得到的是精神层面上的知识与信息，这是一种无形的精神产品，用户在接受图书馆服务的过程是一种主观的享受。再者，图书馆的服务虽然说是用户的一种体验，不具有物理性的结果，但是它是能够被用户在图书馆创造的运作系统中感知到的。由此可见，图书馆服务质量的好坏是由图书馆的物理环境、书籍借阅以及便捷性人员服务态度与专业素质的优良与否决定的。在图书馆的数字化服务中，其服务质量是由信息检索的准确性和便捷性、图书馆虚拟界面友好性等因素决定的。

二、服务的同时性

同时性是指在图书馆服务的过程中，用户的消费与图书馆产出的同时进行，即用户需要参与到图书馆提供服务的过程中，与馆员合作以享受服务产品。同时性能够从以下角度进行理解：第一，在图书馆服务过程中，馆员提供服务与用户接受服务两者是相互依存的，馆员与用户需要进行大量互动才能够完成这一过程；第二，同时性使图书馆的服务与其服务提供者紧密相连，服务提供者，即馆员在服务态度、服务效率、专业素养、文献信息的提供以及用户问题解答等方面的优质性对图书馆提供服务的结果的有效性与用户的服务体验有着直接影响；第三，图书馆的服务是一个过程，其服务产品的价值在生产过程中得以体现，生产结束时服务产品也随之消失，所以图书馆的服务产品是不可储存的，并且具有瞬间性。因此，图书馆的人工与设施只有在用户借阅与咨询的过程中才能够发挥其价值。

三、服务的双重性

图书馆不仅是一项文化事业，同时还是需要创造经济效益的市场主体。在图书馆中，服务的双重性是指其不仅具有公共属性，从其投入与产出的角度来看，还有一定的经济活动特征。从图书馆服务的存在意义及其服务目的上看，服务产品属于公共服务产品。从另一角度看，图书馆的服务具有生产性，它同其他行业或者生产部门一样，需要进行投入，然后才有产出，图书馆的用户是通过对图书馆服务产品的消费来满足自身需求。由此可看出，图书馆在一定程度上具有经济活动特征。

第二章 新形势下图书馆个性化服务

第一节 图书馆个性化信息服务模式及策略

信息时代，信息总量的增长非常迅猛，呈爆炸式趋势。但与此同时，读者对信息的需求量更大、要求更高、层次更深，并逐步向需求个性化、差异化方向发展。然而，面对信息的海洋，我们经常陷入无所适从之中，不知道该从什么地方去找，不知道自己找到的是不是正确的。于是，如何更加有效地对这些信息资源进行利用，并更好地为读者进行服务，成为信息时代一个不可不解决的问题。作为保存、利用和传播信息的专门机构，图书馆应该在解决这一矛盾中发挥出独特的作用。

图书馆现行的以文献保存为中心，以借阅服务为重点的传统服务模式在信息化的大潮中显现出来的弊端越来越明显，供需之间的矛盾越来越突出。这就促使图书馆需要变革传统的工作模式，将个性化服务的理念与实践贯穿到传统的业务中去，达到更好、更高效的服务，在解决海量信息与人的需求不对称这一矛盾上扮演最重要的角色。基于这种认识对图书馆个性化服务的研究越来越得到人们的认可，许多专家学者都热衷于研究这一课题，并提出了许多具体的模式，而且继续进行着更深入的探索。

一、图书馆个性化服务的概念和特点

图书馆个性化服务，就是指图书馆根据读者的需求，依据各种渠道对读者所需的资源进行收集、整理和分类，向读者提供和推荐相关信息，以满足读者的需求。公共图书馆个性化服务也是指图书馆在数字信息环境下，主要利用传统技术、网络和信息技术为个性化用户提供充分满足其个体信息需要的集成性信息服务。主要包括服务对象、服务时空、服务方式和服务内容

的个性化。区别于传统的定题服务，定题服务不属于完全意义上的个性化服务，是典型的早期的个性化服务，由于受到环境和条件限制，服务的深度和广度受到局限，个性化服务表现得不充分；而个性化服务则是针对不同的用户，即使其提出相同的检索课题，所提供的信息也应该是有所不同的。

（一）需求个性化

以读者群阅读、科研等需求为导向，广泛提供传统纸质和网络技术以及数字化的资料，包括政府公开信息、学科发展前瞻信息等查询服务。这种阅读需求具有确定性和不确定的特点，作为公共图书馆既要满足读者群明确表述的需求，同时还要提供尚未表述清楚或者边缘学科的需求，一并为读者群提供智力支持。同时，作为公共图书馆的服务者应做好备课，不但要了解读者个体的知识结构情况，而且还要了解读者个体所要研究的这一学科领域大体的发展前沿，从而提供完善的读者个体所需信息。

（二）内容个性化

虽然公共图书馆为读者提供的内容具有多样性和集成性的特点，但是其信息内容更具有专属性，对信息的提供和获取加以选择具有双向性、互动性，借助于技术手段可以及时、准确地进行传递交流。

（三）形式个性化

现代化信息技术在图书信息领域被广泛应用，因此为用户提供的个性化服务不再局限于人工、非数字信息服务（纸质的传统媒介），而是广泛采取自动化网络化、数字化服务。读者与图书馆之间通过互动式的服务可以真正达到效率快捷、资源共享的效果。

二、图书馆开展个性化服务的必要性

（一）读者信息需求的复杂性和差异性增加

由于读者来自各行各业，每个人的知识水平、生活阅历、价值取向、意图目的等都存在很大差异，因此读者的信息需求很复杂，彼此也差异甚大。这就要求图书馆在帮助读者解决困难的时候，不能搞一刀切，敷衍了事，而是要针对不同读者实行个性化的服务，要向人性化的方向发展。

（二）网络资源的激增是图书馆开展个性化服务的客观要求

网络技术的出现为人类信息的传播带来了史无前例的变革。它提供了一个平民化、虚拟化的平台，各种网络资源纷纷出现，并呈几何倍数增长。

面对总量如此庞大的信息资源，我们要精确地查找到自己想要的信息就不是那么容易。图书馆作为信息存储和提供机构，就必须实行个性化的服务，有针对性地对读者的需要进行分析，提供并满足读者所需的信息，剔除那些不相关的信息，排除干扰，为读者提供最合适、最符合他们需要的信息服务。

三、制约拓展图书馆个性化服务的因素

提供图书馆个性化服务实质上是提供完善用户个体知识结构所需的信息和知识，实现高效的知识转移的过程。个性化服务必将成为图书馆发展的主要趋势。进一步拓展个性化服务是图书馆软硬件提升的过程，财力资金对公共文化的支持、人员的知识结构、系统技术的开发与应用等是重要保障。

（一）馆员的个性化服务意识和水平须提高

目前许多公共图书馆只能提供基本的搜索功能，尽管有些图书馆具有比较完善的个性化信息服务系统，但其功能尚未得到充分发挥，并未实现信息资源共享。许多图书馆员的计算机与网络综合运用能力、搜索专业学科知识的能力以及文献信息处理能力都与实现个性化服务存在一定的差距。

（二）馆藏不足及数字化水平共享程度不够

图书馆在信息资源建设中，信息资源共享工作虽取得了可喜的进步，但随着中国信息化的进一步发展，图书馆信息资源数字化程度有待提高，特别是信息资源的共享程度需要进一步加强；数字化信息资源的质量和深度不能满足用户的需求；政府部门应提高面向社会的信息透明度，以更好地实现数字化共享。

（三）信息资源保障体系不够丰富和完备

信息资源是图书馆信息服务的物质基础和源泉，同时也是确保个性化服务质量和水平的关键。在传统图书馆逐步向网络化图书馆、数字化图书馆发展过程中，印刷型文献、数字文献都需要书目组织，形成统一体系的书目数据库，图书馆书目报道体系需要不断加以完备。

四、图书馆个性化服务模式

（一）个性化定制服务

它包括界面定制、内容定制、检索定制、服务定制及提示型定制等内容。这种服务是最直接而简单的个性化服务，就是读者从图书馆已经准备好的各

种类型的服务中选择自己所需要的。这要求图书馆尽可能多而广地开发出可供读者选择的定制模式。

（二）信息推送服务

目前常用的推送服务可以分为两大类：一类是通过人工借助于电子邮箱进行信息推送，另一类是由智能软件自主完成的信息推送。

（三）互动式信息服务

互动式信息服务提供包括网上定题服务、网上参考咨询、网上文献传递、网上文献购置申请、网上馆际互借等内容。其中，网上参考咨询是图书馆工作人员根据读者提出的需求对读者提供的针对性服务；定题服务是指读者在上网搜索信息时确定自己的检索主题，其他的工作交由服务提供商完成；参考咨询即指读者向工作人员咨询问题并得到解答；馆际互借指在本馆资源中没有读者需要的文献，则工作人员要从其他馆的资源中借用来提供给读者。

（四）词表导航服务

词表导航是为满足读者个人的各种检索需求而提供的一种检索帮助。系统能根据在线读者输入的检索词，自动显示与输入的检索词相关的词。

（五）IRCS

IRCS 即个人研究咨询服务。IRCS 主要是帮助和辅导师生进行信息获取与分析评价，对于读者不同的信息需求给予针对性的指导，提高文献信息资源的利用效率。

五、拓展个性化服务领域的创新思路

图书馆拓展个性化服务需要具备如下几个条件：服务是互动性的；用户要有个性化服务要求；图书馆自身具有满足个性化服务的能力；拥有丰富的信息资源。图书馆具有满足个性化服务需求的服务支撑技术，包括用户建模技术、个性化推荐技术等。

（一）坚持以满足用户需求为出发点

结合用户需求的特点，根据用户的习惯差异采取迥异的个性化服务。因此，完善和建立用户档案信息数据库是扎实推进图书馆个性化信息服务的基础，通过用户档案信息数据库建立起用户搜索习惯，进而提供更多相关领域的信息，便于用户更好地查找信息内容。数字图书馆更新数据时，可以根据建立的用户个人信息数据库，第一时间向用户提供与其领域相关的信息，满足搜索需求。

（二）坚持技术优先原则

信息技术的不断更新和发展有利于完善数字图书馆个性化信息服务系统，充分发挥技术优势，更好地为图书馆个性化服务。一是广泛借鉴国外先进的管理模式和技术，尤其是对国外图书馆个性化信息服务发展的新方向、新动态，必须坚持引进来原则，为我国图书馆发展提供经验；二是建立完备的资源整合共享机制，进而发挥我国在信息科技方面的研究成果，提高信息技术在我国数字图书馆个性化信息服务的科技转化率，努力提高我国数字图书馆个性化信息服务的智能化和自动化水平。

（三）重视人的因素

数字图书馆个性化信息服务发展关键还是要靠人在观念、技术上的发展，因此数字图书馆个性化信息服务发展过程中要坚持两点。一是重视图书馆人员的素质。图书馆人员不能做只是坐在图书资料室对所借图书登记的闲人，而应该是对某一领域特别是信息技术方面具有一定造诣的专业人员，这样既可以根据自己对数字图书馆个性化信息服务的体验找出个性化信息服务的不足，也有利于个性化信息服务的进一步改进。二是重视图书馆服务模式。图书馆作为信息交流的重要平台，其服务操作应具有模式化，以避免管理的混乱。而数字图书馆个性化信息服务必然要求新的服务模式与之配套，进而实现个性化信息服务管理的有效性。

（四）加强用户推广

人民群众对数字图书馆个性化信息服务发展还不太理解，这也是我国数字图书馆个性化信息服务发展的瓶颈。因此，必须要加强用户推广工作。一是图书馆要加强对数字图书馆个性化信息服务的宣传。数字图书馆个性化信息服务在宣传过程中要第一时间回应用户对数字图书馆个性化信息服务的疑问和质疑，树立起良好的信息服务形象，帮助用户更好地了解和使用数字图书馆个性化信息服务，发挥数字图书馆个性化信息服务在资源共享方面的优势。二是要正确引导用户使用数字图书馆的个性化信息服务。数字图书馆个性化信息服务对很多人来说是一个新事物，新事物代替旧事物必然需要一个过程。因此，图书馆要根据实际需要采取多种不同方式，对数字图书馆个性化信息服务进行推广。

（五）加强读者的隐私安全与保护

图书馆的个性化服务应该使读者相信其个人信息只是用于满足读者的需求，不会被用于其他方面。这就要求我们，首先需要制定完善的保护政策，进行公示，使读者可以充分了解并运用足够先进的、可靠的保护技术。其次，提供的个性化服务不能不负责任地使用大规模的推送，强行向读者推送读者不需要的信息，而是应该做好读者需求分析，提供给读者他们真正需要的信息资源。

（六）加强对知识产权的保护

当前我国知识产权的法律制度还不够完善，因此某些有违知识产权保护方面的信息我们可能提供不了。我们必须遵守法律，不能为了最大化地满足读者的信息需求就把尚在知识产权法律保护之内的信息公开给读者，应该向其解释清楚相关政策。

（七）提升服务效率与反馈质量

同其他服务满意度一样，服务反馈是进一步改进个性化服务质量和提高服务满意度的重要基础。这不仅反映读者的满意度，更可以有针对性地对读者的反馈进行整改，以便更好地开展个性化信息服务工作。

（八）提高图书馆工作人员的业务素质

通过教育从根本上转变图书馆员的思想观念，把个性化服务的新思想灌输给他们，让他们把积极的工作态度找出来，切实为读者服务。没有高素质的工作人员就不可能提供高水平的个性化服务，图书馆要培养员工的职业道德，加强其工作责任感，使工作人员对此项工作认可并贯彻下去。图书馆还可以大力引进具有个性化服务意识的大学生，为本单位注入新鲜血液，焕发生机。

（九）促进技术与理论方面的研究

图书馆个性化服务的理论正在讨论发展中，相关的技术也很不成熟，一方面，要在理论研究上下功夫。要有创新，不要一味地照搬照抄国外的研究成果；另一方面，注意国外最新的图书馆软件，并争取能早日研究出适应于中文环境的相似软件。

（十）实现图书馆间的资源共享

可以加强图书馆间的资源共建、共享，多方面进行合作，资源互补，减少读者多方获取信息资源的难度，尽可能地为读者提供更多的资料和服务。现代信息技术的迅猛发展使图书馆具有了新的发展动力和空间，网络和移动技术的不断更新为图书馆开展更多内容和形式的服务提供了更大的基础。只要图书馆坚持不断紧随时代发展和坚持以读者为中心的宗旨，图书馆就一定会在新时期的个性化服务领域中取得新的成就，图书馆服务也一定会迈向一个崭新的阶段。

第二节 我国图书馆个性化服务管理机制

图书馆作为一个具有服务性能的场所，要把用户的体验作为建设的核心。因此，在电子信息技术不断发展的推动下，进行人性化的建设是一种必然。发达国家很早就开始了这项建设的研究，目前已经处于比较成熟的阶段，而我国要学习国外是如何实现高效的个性化服务的，从而让用户能够获得更好的体验。

一、现阶段需要攻克的四大难题

（一）用户的体验感不强，服务效果差

个性化服务的对象是用户，因此，用户的体验感是评价服务质量的标准，然而现阶段存在的最大的问题就是用户对于 MyLibrary 系统的体验感不强，他们认为如果要使用这个系统，就需要经过一个非常麻烦的登录过程，然而能不能得到他们想要寻找的信息还是一个未知数。因此，他们没有选择使用这个系统。由于用户的体验感不强，不能让图书馆服务系统真正的作用发挥出来，所以服务的效果没有体现出来。

（二）发展不全面，缺乏统一的标准

个性化服务系统是一个涵盖了各个方面技术的综合性的系统，不仅是服务技术这一个方面，还包括数据的收集、整理还有信息的传递过程。因此，单纯提高服务技术是不够的，整个服务系统的建设需要得到全面发展。发展的水平不平衡也是导致现阶段图书馆系统服务水平不高的重要原因之一。与此同时，在发展的过程中也缺乏相应的统一标准，用户在体验的过程中无法获取到统一明确的信息，因此导致了用户的使用率较低。

（三）网络安全问题需要解决

网络的安全性问题成为当今网络发展中不能忽视的重要环节，系统的建设就是利用网络的优势，然而用户登录注册时需要填写大量的个人信息，这些电话、身份证号码等信息关乎大众的个人利益。因此，图书馆网络的建设要以保障用户个人信息的安全性作为一个大前提，决不能让用户由于注册登录了图书馆系统而存在安全隐患。另外，图书馆系统将各种图书、信息资源进行整合，这些信息往往会涉及版权的归属问题。因此，图书馆系统的建设还要保证版权的安全性，保障出版人的权益不受损害。

（四）服务人员的水平和能力偏低

虽然图书馆系统是网络发展的产物，但是依旧需要服务人员来配备服务，而这些服务人员的服务质量就成了影响图书馆系统质量的重要因素之一。然而如果服务人员的个人能力不足，无法为用户提供充足的服务，对于用户在使用系统的过程中遇到的种种问题不能够及时地给出相应的解决和帮助，那么用户对系统的热情也会大大降低。

二、可行的服务模式和管理机制

（一）提高系统使用的便捷性

系统是要服务于用户的，因此用户使用的感受就是评价系统服务质量的标准。因此，建设图书馆系统时需要从用户的使用角度出发提高便捷性，利用方便快捷的操作方式才能让用户更加满意，用最快的速度、最少的步骤来找到最有价值的信息资源。

（二）提高资源的丰富性

丰富的资源是图书馆的基本属性，而用户选择图书馆也是基于图书馆的丰富性来寻找自己想要的资源。因此，加强系统资源的建设也是非常重要的一个环节，系统要尽可能地收集更多的资源建立储量丰富的数据库，让用户可以在图书馆找到需要的任何信息，还要尽可能地为用户提供下载的服务，从而方便用户的使用。

图书馆服务系统的建设需要以服务用户的感受为主，充分地发挥图书馆的资源优势，同时利用先进的网络技术，才能为用户提供更好的服务。

第三节 教练技术在图书馆个性化服务中的应用

图书馆个性化信息服务的基础是对用户需求的充分理解，在这方面无论是国外还是国内的图书馆都存在不足。RSS 等技术的发展虽然在一定程度上降低了沟通的成本，提升了信息获取的效率，但对用户需求的理解还停留在关键词等信息层面上。鉴于此，我国图书馆针对个性化信息服务的能力和质量问题应引入教练技术的核心能力和流程模型，引导用户更清晰地表达自身需求，进而提升图书馆工作人员对用户需求的理解，提高图书馆员的服务质量。

一、教练技术介绍

（一）教练技术的起源

教练的提法最早由英文 coach 翻译过来，英文 coach 的原意是马车，马车的作用是一对一的，以最适合主人的路径和速度带主人到他想去的地方。教练技术源于体育行业，如：网球教练、篮球教练、足球教练等。教练关注未来的可能性，而不是过去的错误。教练工作的成果在很大程度上取决于教练与被指导者之间的支持关系以及沟通的方式与风格，使被指导者通过教练的启发获得对事实的认知。教练作为一种工具，是一对一的，能以最适合被指导者的方式帮助被指导者达成目标，这与图书馆个性化信息服务的目的不谋而合。

（二）教练的核心能力

教练的核心能力即对话技术，对话技术包括倾听、提问、反馈三个方面。

1. 深度倾听

深度倾听是指站在被指导者的立场上听到语言背后的情绪和需求等，让被指导者感受到理解和信任。在倾听的过程中教练首先要放下自己的想法和判断，一心一意地体会被指导者；其次使用语言或动作等要素，让被指导者感受到被倾听；最后向被指导者表示与对方已经产生共鸣。

2. 有力提问

有力提问是指运用提问的方式启发被指导者思考，帮助被指导者自行找到解决方法。教练在提问的过程中应尽量避免个人的建议。每个人的世界都有自己内在的逻辑，在这个逻辑里他是对的，他不需要被旁人纠正和修补，而旁人无论多么高明、多么智慧，都无法代替当事人去思考和行动。

3. 有效反馈

有效反馈是指运用观察的方式对被指导者的行为用语言给予反馈的技术。提供反馈使教练有机会告诉被指导者其行为产生的影响。

（三）教练的流程

GROW 模型是惠特默在 1992 年提出的，为教练进行指导时提供了一种可借鉴的结构框架，能使教练与被指导者在进行对话时的方向不会偏离预定的目标。在 GROW 模型中这一顺序就是在第一次解决一个新问题时以下四个阶段都须进行，如果一项任务正在进行或者曾经讨论过，可以运用教练对话技术去推进，在这种情况下教练可以在任何一个阶段开始或者结束这一过程。

1. 聚焦目标

虽然很多时候与教练对话是从被指导者谈论现状开始的，但并不意味着教练要顺着被指导者的思路延续对现状的探讨，教练要迅速地从被指导者谈论的现状中发现其背后的需求和目标，如果没听出来也要通过提问来确定目标。原因有两个：首先，教练是以结果为导向的，以终为始是教练的准则，只有明确了方向才能知道从哪里出发，目标对任何讨论的价值和方向都是最重要的。其次，对问题的讨论如果仅仅基于现状，则更容易倾向于负面，将会变成对问题的抱怨。

2. 了解现状

在了解现状阶段，问题通常由询问类的什么、何时、何地、谁和多少等开始，这些问题引出的都是关于事实的描述，有助于进一步分析和判断。教练不需要了解所有的情况，只需要确认被指导者了解现状就可以了，了解现状的目的是提升被指导者的觉察力，为下一步探索行动方案打下基础。

3. 探索行动方案

该阶段不以最快找到正确答案为目的，而是要列出尽可能多的方案。在最初，可供选择的数量比质量更重要，激发大脑收集所有选择的过程能够激发创造力，只有从广泛而富有创造性的各种可能性中进行筛选，才能制订具体的行动计划。

4. 强化意愿

在强化意愿阶段，教练让被指导者总结对话的全过程并坚决按行动计划实施，根据教练的原则，教练应支持个人实现组织目标的协作过程。因此，让被指导者充分认识到教练会全力支持他的行动也非常重要。

二、教练技术在图书馆中的应用

（一）图书馆应用实例

1. 聚焦目标，引导用户明白自身需求

读者到图书馆进行信息咨询时往往对需求的描述比较简单、简洁。如：有读者到图书馆报刊部查找一篇以侨房变迁及原主人事迹为内容采写的文章，因为读者对标题、作者和具体内容等信息印象模糊，只能用"一幢侨房与主人历程""刊登在海南日报""时间是80年代至90年代"这样简单的信息进行表述。

由于早期的报纸只有纸质装订本，无法通过检索的方式快速定位，工作人员只能通过读者提供的这些简单信息，从1980年1月的报纸逐月查询，工作量巨大，严重影响馆员的服务效率和服务质量。假如图书馆员将教练技术应用到图书馆参考咨询服务中，针对上述读者的需求，采用教练流程确定三点方向引导读者提供更多信息，如：文章刊登时的政治背景，文章刊登时当地省、市是否有大事项发生，文章主要写什么内容。馆员即可采用提问、指导、引导、倾听、反馈的方式从读者的有限记忆中筛选出可用的信息，缩小查找的范围。

2. 了解情况，聚焦核心问题

①工作人员向读者提出第一个问题——该文章刊登时"落实侨房政策"是否已经出台？读者反馈"落实侨房政策"已经实施。工作人员根据其信息反馈，从网络上检索到"落实侨房政策出台"的情况分为：1982年、1983—1990年、1990年以后三个时间段，工作人员从提问、倾听、反馈、网络检索的情况可以确定是政策出台后的几年，即应为1986年以后的报纸。

②工作人员向读者提出第二个问题——该文章刊登时海南是否已建省？读者从当时的大事项中回忆确认当时海南尚未建省。海南是1988年建省，以海南建省时间为一个时间节点，应为1988年前的报纸。

③工作人员向读者提出第三个问题——该文章主要描写什么内容？读者反馈文章主要是依据侨房变迁及原主人事迹的内容采写的。工作人员根据读者反馈的信息，初步确认其文章刊登在海南新闻综合、民生、社会版面。

3. 探索行动方案，解决用户需求

图书馆工作人员通过聚焦目标了解情况后，汇总以上三点线索推测出该文章刊登时间应为 1986—1987 年间，工作人员依据相关信息选定 1987 年的报纸查找相关信息，结果仅用 10 多分钟就在 1987 年的《海南日报》中查找到读者所要的这篇文章。

（二）应用经验

图书馆工作人员类似于教练，读者类似于被指导者，工作人员采用三点查找方向的步骤也类似于 GROW 模型，即第一步明确目标、第二步了解情况、第三步解决问题。首先，工作人员以"政策出台"的前后为时间节点来排除早几年的报纸、推算晚几年的报纸。其次，工作人员引导读者回忆大事项，以建省大事项发问，提醒读者回忆。启发性的发问可以打开读者的心扉和思维，能够使读者提供解决实际问题的线索。最后，工作人员以文章内容确定报纸版面，把查找的范围再进一步缩小。

教练技术在图书馆个性化信息服务的日常工作中有时也会运用，但该方法并未被明确化和概念化，也没有在图书馆得到深度推广和普遍应用，因此，其运用效果不是很理想。笔者尝试将教练技术的核心能力和流程提炼为程式化的内容，并应用于个性化信息服务中，以求对图书馆信息服务工作者提高工作效率有所帮助，从而更好地服务读者。

第四节 大数据环境下图书馆提升个性服务质量的方式及途径

随着互联网和移动数据的发展，以搜索引擎为代表的个性化服务方式越来越深受用户关注，用户获取信息开始选择 Web 搜索信息资源。然而面对信息服务行业的激烈竞争，图书馆要不断扩大用户群来吸引用户，满足用户需求就必须解决信息服务中的各种局限性和技术问题。网络环境下图书馆应该适应云环境，建立搜索引擎的个性化服务模式和基于云平台的图书馆个性化服务系统模式，这种新型的服务模式将会使用户享受到更为方便快捷、高质量的服务，更有助于提高查全率和查准率。

一、"云"与图书馆

云计算就是通过网络把尽可能多的计算资源整合在一起，借助云的强大计算处理能力，由软件自动完成管理与服务的超级应用系统。

云图书馆是指利用云计算技术和理念在互联网上构建的虚拟图书馆。云图书馆体系结构为应用软件、管理平台、数据库资源、服务器机群、存储中心等。云计算技术和云服务应用于图书馆，将会对图书馆的管理和服务方式产生重大的影响，将会从根本上颠覆传统图书馆的服务模式。互联网时代图书馆的发展亟需引入云计算的理念和相关技术，更需要建立云图书馆体系和面向用户需求的图书馆云平台个性化服务系统，让图书馆用户只拥有一个上网终端就可以检索和下载图书馆的资源，通过门户网站访问和利用云图书馆享受各项服务。

（一）云环境下的图书馆用户需求的特点

在云环境下，图书馆利用网络为用户提供服务，不仅不断地扩大着用户群体，服务的范围也更加广泛。图书馆应用云计算技术为用户开展云服务，包括软件、平台、基础设施、数据库等服务形式。图书馆这种新的服务模式，就是要找到云计算技术在图书馆领域应用的契合点，探寻云计算环境下图书馆满足用户信息需求的路径和方法，让用户在信息资源需求方面发生质的变化。

云环境下的图书馆用户需求的特点是：

开放性，不受时间、地点限制，自由获取；

专业性，可以根据自己的需求和专业获得本专业权威性的学术论著，及时了解本学科的发展动态；

多元性，网络化与数字化扩大了图书馆的服务功能，在资源结构上遍布各个领域，呈现多元化的趋势；

时效性，网络能让用户在最短的时间里获得最新的信息资源，时效性强；

集成性，云图书馆的要素是以数据库资源、各种应用软件等组成，集成性的特征极为明显。

（二）云环境下的图书馆个性化服务

云环境下的图书馆个性化服务可以利用云平台个性化服务系统依据用

户的需求为用户设置定制空间，设立数据加工整理专区并开通用户在线编辑服务。系统还能够根据不同层次的用户在个性化定制空间里预设的定制模块开展多层次多元化的信息服务。用户一旦按照自己的需求定制了属于自己的检索界面、服务方式和内容等，系统就可以对检索的结果进行保存、整理和加工。用户在定制和整理中一次不能完成还可以进行多次操作。

（三）基于云平台的图书馆个性化服务系统模式

1. 基于云平台的个性化服务流程

基于云平台的图书馆个性化服务流程首先是用户向云平台个性化服务系统输入个性化申请信息进行登记注册，注册通过验证后，系统就会按照用户提供的信息进行个性需求定制，然后通过云图书馆进入互联网进行信息资源检索，系统检索到符合个性化需求的有用信息后就会依据个性化的要求进行筛选、删减、剔除和整理，充分体现了人性化。开通在线编辑服务，增加了用户的操作权限。用户在资源获取利用的同时如果遇到不满意和新的要求或者建议可以反馈给云服务平台系统，有利于图书馆及时改进。

2. 基于云平台的个性化服务系统模式

云平台个性化服务系统模式的建立，首先要重视图书馆当前的基础建设，比如，软硬件资源和网络资源的建设，具备了基础设施，才能够更好地构建云计算平台，开发、应用、管理云服务系统和云存储系统。

（1）云计算平台包括基础设施、网络云和网络终端。基础设施由物理设施和虚拟设施组成，是构建和支撑云计算平台的两个重要部分，缺一不可；网络云起到连接基础设施和网络终端的作用，通俗地说就是把图书馆的服务和用户紧密地连在一起；网络终端就是图书馆管理人员和用户登录云平台个性化服务系统时使用的软硬件设备，用户通过网络终端登录到云计算平台获取信息资源，图书馆管理员通过网络终端登录到云计算平台实现管理与维护。

（2）云服务系统包括：个性化定制，是用户实现云平台个性化服务的基础；资源检索，以个性化定制为依据，对云存储系统数字资源进行信息搜索；知识整理，用户可以把检索以及接收到的信息资源，通过知识整理模块，自己在线编辑、归类、删减，把有用的、需要的随时保存在个人文档空间里，同时还可以多次登录到云服务系统进行整理；信息交流，是通过集成于系统上的邮件收发功能，用户利用云服务系统和管理员随时进行沟通，用户与用户之间同样也可以进行互动。这种信息交流有利于用户及时提出问题，便于管理人员处理和解决问题。

（3）云存储系统包括用户资料库、信息知识库和计算资源库等。用户资料库就是用户把已经查找到的信息资源收藏到用户个人存储空间里，便于以后加工、整理和利用；信息知识库即系统的数据总库，是用户检索的信息来源中心；计算资源库是云存储系统的重要组成部分，是云平台个性化服务系统中不可或缺的资源。

二、基于微信的图书馆个性化信息服务

信息服务是指利用计算机和通信网络等现代科学技术对信息进行生产、采集、加工、处理、存储、传播、检索及利用，并以信息产品为载体为用户提供的专业化服务。信息获取与有效利用信息的能力是可持续发展之必需，图书馆与联合国可持续发展目标之间的联系在于国际图联相信高质量的图书馆和信息服务有助于确保获取信息。通过高质量的信息服务，图书馆不仅能够推动用户个体及社会整体发展目标的实现，更能够通过保障公民平等的信息权利推动社会教育公平，缩小数字鸿沟。

图书馆传统的信息服务是指根据读者的文献需求，充分利用馆藏资源直接向读者提供文献信息的一系列活动。其目的是通过开发利用图书馆的各项资源来满足读者的各种文献需求。随着人类迈入数字信息化时代，图书馆传统信息服务受到前所未有的冲击。首先是信息载体的多元化发展突破了纸质文献的单一模式，以电子书、图片、数据、音视频文件、流媒体文件等为代表的电子资源大量涌现，这对图书馆传统的围绕纸质文献开展的信息服务提出了极大挑战；其次是信息传播途径的多元化发展。随着互联网、移动终端设备等信息技术的飞速发展，人们可以随时随地、方便快捷地获取其所需的各类信息，信息技术催生了人类信息获取模式及信息使用模式的变迁，用户信息模式的变化对图书馆的信息服务提出了新的挑战。

（一）图书馆信息服务的发展趋势

互联网数字化环境下，社会的发展对图书馆提出了越来越高的要求，要想更好满足用户日益增长的服务需求，图书馆亟需转型。转型绝不是一蹴而就，而是在先进服务理念的指导下从服务到战略和执行的逐层推进。信息服务是图书馆传统服务的核心，在新的时代背景下图书馆职业的核心价值和核心能力仍旧围绕信息服务展开，只是被赋予了新的内涵外延。简言之，信息服务转型是图书馆转型升级的一大重点。在未来，图书馆需要着重通过信息服务发挥其在推动知识传播、文化交流中的作用；图书馆的功能不再局限于阅览，它更重要的作用是成为知识、文化交流的平台。

图书馆信息服务在新环境中呈现如下发展趋势：

1. 多元及个性化发展趋势，这种多元化发展趋势涵盖如下层面：一是用户需求的多元化。用户不仅希望图书馆为其提供所需的信息，还希望图书馆能够帮助其提升获取信息的能力，提供分享、交流知识的场所，以及支撑内容创建、创新制作的辅助平台等。在互联网环境下，用户信息需求还将进一步呈现出其多元化、个性化特征。

2. 移动化发展趋势。图书馆信息服务的转型同样应着力于日常应用的扩展，将信息技术充分融入传统的信息服务（包括电子书、参考咨询、数字素养培育、学习促进等）中，以便促进图书馆服务的转型和移动服务的更好发展。

（二）基于微信的图书馆个性化信息服务优势

移动信息服务是图书馆开展个性化信息服务的发展方向之一，微信作为一种新的即时性通信产品，从开始出现就备受各界关注。

基于微信的图书馆信息服务相较于传统信息服务具备以下优势：

1. 完全符合图书馆信息服务需求多元化、个性化及服务方式移动化的发展趋势。

2. 图书馆可随时随地为用户提供信息和服务，信息和服务能够到达的距离更远，通过微信公众平台的一对多传播方式，图书馆可直接将消息推送到用户手机，因此达到率和被观看率几乎是 100%。

3. 营销和服务的定位更加精准。图书馆可通过微信公众平台对用户进行分组，采集用户信息需求、信息使用、行为模式相关大数据，获知用户特性，从而开展更为精准的服务营销和推送。

4. 富媒体内容，便于分享。借助微信，图书馆可以实现和用户群体及用户个体以文字、图片、语音为内容的全方位沟通与互动。

（三）基于微信的图书馆个性化信息服务设计

1.基于微信的图书馆阅读推广方面

阅读作为一项国家战略及重要工作部署，已经连续数年被写入政府工作报告，通过阅读推广活动充分挖掘图书馆特别是数字图书馆在人们生产、生活、工作、学习中的重要作用，培养公众的阅读习惯、阅读素养及技能，在全社会营造终身学习的良好氛围是图书馆阅读推广的指导原则。在阅读推广过程中，图书馆可以利用微信开展如下层面的服务：

①利用微信公众平台提供书目服务。建立"我的图书馆"以及检索发现模块。在"我的图书馆"模块中，用户可以直接开展图书查询、图书馆续借；在发现模块，用户可以查找附近的图书馆、开展数字化阅读。

②利用微信公众平台推广阅读。图书馆的阅读推广活动包括新书发布、新书推介书友会、讲座、研讨会等多种形式。传统模式下，图书馆需要通过制作宣传海报、网络通知等方式进行活动宣传，而微信公众平台则为图书馆提供了各类信息发布的统一端口，以前在线下开展的新书推荐、活动宣传、讲座或研讨会通知等都可通过线上直接推送到用户手机，保障百分之百的到达率和被观看率，这样不仅节约了海报、宣传单的制作成本，更能取得较高的宣传成效。

③利用微信朋友圈推广阅读。利用微信朋友圈的高互动性及"熟人＋陌生人＋圈子"的营销模式，图书馆可以为阅读爱好者建立分享交流的平台，吸引具有共同阅读兴趣、研究背景或交叉学科背景的用户建立各种书友会，利用微信群聊功能共同探讨问题、扩大影响。

④利用微信公众平台与用户互动。包括：设立微信书评投稿专栏调动用户的阅读兴趣，采集用户阅读需求信息，由用户直接点单参与图书馆采购决策，以及一对一地开展阅读引导及阅读技能培训。

2.基于微信的图书馆参考咨询方面

参考咨询服务是图书馆信息服务的重要分支，数字化环境中的参考咨询服务同样面临变革，咨询的形式和内容都发生了根本性的改变，在线咨询、实时咨询、互动咨询、可视化咨询等多种咨询模式的涌现，推动参考咨询服务朝着实时、动态、便捷、高效的方向发展。微信在信息传递及信息服务上的优势引发了图书馆参考咨询服务领域对其的关注，越来越多的图书馆开始将微信与参考咨询服务相连接，让微信的及时性、主动性、效率性优势融入图书馆参考咨询服务，让图书馆参考服务能在短期内提升服务质量，达到社会对图书馆参考咨询服务的基本要求。

可从以下层面设计微信图书馆的参考咨询服务：

①组建微信答疑参考咨询团队，通过智能手机或 iPad 等移动互联网设备，与咨询者通过一对一的语音对讲、文字图片传输等形式开展实时交流，及时、高效、便捷地帮助咨询者解决问题。

②利用微信参考咨询嵌入课堂教学，在信息技术革命引发的教育变革浪潮中，多媒体教学、可视化教学、翻转课堂、大规模公开在线课程等现代化教学模式不断呈现，图书馆要更好履行信息服务的职能，就必须依托先进的信息技术和工具，嵌入现代化的教学过程，培养学生的信息素养、数字素养。微信参考咨询为图书馆提供了嵌入式信息服务的有效路径。

③利用微信参考咨询嵌入用户科研、知识的全过程。借助微信公众平台，图书馆可以根据数字内容搭建知识分享与试验平台，支持对科学、技术、创新的发展、体系结构和异常现象的跟踪、探测、分析和揭示，以数字化、网络化和计算化的方式融入用户的知识过程。

3. 基于微信的图书馆学习促进方面

除了传统的阅读推广、参考咨询服务，图书馆的信息服务职能不断深化发展，朝着知识化、学习促进的方向迈进。具体体现在图书馆对用户早期教育、成人教育、劳动力发展、职业继续教育、数字素养培训的参与及推动。同时图书馆可借助微信工具，通过信息推送、资源提供、智力支持更好地适应用户学习模式的变化，发挥自身在推动用户学习、求知过程中的作用。

①早期教育。在早期教育方面，图书馆可以利用微信公众平台向社区家庭推送早教资讯及诸如父母学堂、家长沙龙、亲子体验班等早教活动，鼓励符合条件的家庭及早为适龄婴幼儿报名，享受图书馆提供的优质的、专业的早期教育社区指导服务。

②成人教育、职业培训和劳动力发展。图书馆应按照年龄层次、职业背景、专业背景、兴趣爱好等因素对关注其公众号的用户进行细分群组，分析不同群组在就业、职业培训、劳动力发展方面的异质化需求，为其推送分类的市场招聘信息、劳动力技能培训活动及其他文化活动。

③数字素养培养。互联网参与机制下，数字文化社会的发展与社会整体数字素养息息相关，公众通过提升数字素养，有能力参与到数字文化社会的行动中，图书馆在提升公众数字素养进程中发挥着不可替代的作用。数字素养是一种综合素养，其不仅包括利用信息技术、工具获取知识实现自我发展的能力，还包括与他人协作、知识挖掘、共同创造、分享成果的能力和习惯，而且这种分享和协作的精神在互联网时代将变得越来越重要，图书馆应通过微信公众平台为公众或其用户群提供一个分享交流的平台，通过合作、共享共同营造氛围，在潜移默化中实现公众数字素养水平的不断提升。

（四）基于微信的图书馆个性化信息服务未来展望

由于微信平台所具备的高度交互、方便快捷、传递高效等优势，图书馆在联系用户、提升图书馆信息服务质量和效能方面有着巨大的推广和应用价值，开始有越来越多的图书馆利用微信开展个性化信息服务。未来图书馆基于微信的个性化信息服务，有以下重点发展领域：

1. 基于微信大数据的分析及挖掘，大数据最大的价值在于通过数据分析优化组织决策，进而提升组织效能及社会生产力。大数据红利可以转化为整个行业的发展机遇，大数据环境下图书馆可以通过微信数据记录用户的需求模式和行为模式。例如，用户在"我的图书馆"中的浏览记录、检索记录、电子书阅读记录等都会自动转换为用户大数据，通过对大数据的长期追踪和分析，图书馆不难掌握用户的信息需求模式、消费模式以及个人的兴趣爱好，每当有与用户需求类型相符合的新书上架或有用户感兴趣的展览、讲座、文化活动时，图书馆便可通过潜在需求与对口信息的匹配开展更为精准的微信推送，使用户感受图书馆更为体贴和人性化的服务。

2. 利用基于微信的信息服务支持用户的个性化学习。个性化学习是指以反映学习者个性差异为基础，以促进学习者个性发展为目标的学习范式，具体表现为针对个体学习者特定的学习需求、兴趣、意愿或文化背景而推出的一系列教育项目、学习经验、教学方法和学术支持策略。个性化学习是制约高等教育领域技术应用的艰难挑战，那些能有效促进个性化学习的科学的、数据驱动的方法直到最近才开始出现；以"学习分析"为例，其在高等教育中的应用仍在不断演进并需要获得发展动力。无论是公共图书馆，还是图书馆，都要获得发展动力；无论是公共图书馆，还是图书馆，都必须参与用户个性化学习的促进。除了通过微信公众平台为用户提供个性化的学习资料、交流平台，图书馆还可利用微信公众平台整合多种线上、线下教育资源，正式、非正式的学习资源，通过追踪采集学习者信息，包括点击的数量、花费在在线课程和网络培训上的时间、用在其他活动（如阅读）上的时间等，或辅助其他社区教育机构进行定量分析并分类，从而为每位学习者提供更加个性化的学习建议。

3. 信息服务是图书馆的核心服务，信息获取与有效利用信息的能力是可持续发展之必需，其不仅有利于个体及社会整体发展目标的实现，更能够从根本上解决社会的教育公平、数字鸿沟、贫富差距等一系列问题。互联网数字化环境下，社会的发展及信息技术的进步对图书馆的信息服务提出了越来越高的要求。微信公众平台有着信息发布便捷、传播速度快、影响面广、互动性强、沟通即时、富媒体等诸多优势，在联系图书馆与用户、提升图书馆信息服务质量和效能方面有着巨大的推广和应用价值。图书馆可利用微信平台工具进行服务设计，在其传统的阅读推广、参考咨询服务及新兴的早期教育、成人教育、劳动发展、职业继续教育、数字素养培训服务中融入新的创新元素，基于微信大数据的分析和挖掘，以及利用基于微信的信息服务支持用户的个性化学习是今后图书馆基于微信的信息服务的未来发展方向。

三、数字图书馆个性化服务技术

（一）数字图书馆个性化服务及其系统概述

1. 数字图书馆个性化服务

数字图书馆的个性化服务就是以用户为中心，在研究用户行为、兴趣、爱好、专业和习惯的基础上，根据用户的个性化需求而开展的信息服务。它具有很强的针对性、主动性、易用性、知识性、专业性和安全性，能够充分提高用户对数字图书馆信息服务的满意度。

根据技术标准，数字图书馆个性化服务的主要形式有以下三种：

一是个性化推送与定制服务。即根据用户的兴趣偏好，采用定制的 Web 页面、分门别类的信息频道（或信息栏目）、发送 E-mail 等方式，把具有针对性、特色性的信息传输给具有特定需求的用户。

二是个性化推荐与报道服务。即通过智能化推荐和主动报道的途径，深入分析用户的专业特征、研究兴趣，从而主动地向用户推荐其可能需要的信息，是一种比较深层次的信息服务方式。

三是个性化知识决策服务。这种服务强调充分运用数据挖掘语义网络、知识发现等先进技术，对有用的信息内容再进行深层次的分析与挖掘，向用户提供能够用于决策支持的智能查询、科学研究等知识服务方面的规则和模式。

2.数字图书馆个性化服务系统

数字图书馆个性化服务系统，即把用户感兴趣的信息主动推荐给用户的一种应用系统；该系统通过记录和分析用户的个人信息及关键行为识别出用户的各种特征，建立起相应的用户模型，并根据这一模型主动搜集用户所需的专题资源，向用户推送潜在的有用信息。通过个性化服务系统，图书馆可以收集到用户的个人信息，并根据这些资料有效地组织资源，使用户享受到最贴己的服务。个性化服务系统是根据每个用户的特定资料和后台资料库动态生成的，无须为每个用户和每项资源制作静态的网页，简化了数字图书馆技术人员的工作量，提高了系统的灵活性。个性化服务系统会定期自动检查用户定制的各种网络链接和数据来源，并将更新信息通知给用户。用户可以实时维护这些链接并及时跟踪相关学科的最新发展动态。此外，系统还会对用户的兴趣和行为进行分析，利用现有的资源向用户推送附加信息。

（二）数字图书馆实现个性化服务的技术路径

数字图书馆的个性化服务在整个数字图书馆服务系统中占有十分重要的地位。它始终以用户为中心，以满足用户个性化的价值追求为目标。数字图书馆要实现其个性化服务，首先要跟踪、学习用户的兴趣和行为，并设计一种合适的表达方式；其次，为了把资源推荐给用户，必须有效地组织资源，选取资源的特征并采用合适的推荐方式；其三，必须考虑系统的体系结构，考虑在服务器端、客户端和代理端实现的利弊。下面我们从用户描述文件的表达与更新、资源描述文件的表达、个性化推荐以及体系结构这四个方面，来讨论数字图书馆实现个性化服务的技术路径。

1.数字图书馆用户描述文件

对数字图书馆个性化服务系统来说，最重要的是用户的参与。为了跟踪用户的兴趣与行为，有必要为每个用户建立一个用户描述文件（user profile），刻画出用户的特征以及用户之间的关系。在制定用户描述文件之前，需要考虑收集什么数据、数据来自哪里、数据收集的标准是什么、如何收集和组织数据等一系列问题。

（1）用户描述文件的表达

不同的数字图书馆个性化服务系统其用户描述文件各有特点。用户描述文件从内容上划分为"基于兴趣的"和"基于行为的"两种类型。基于兴趣的用户描述文件可以表示为类型层次结构模型、加权语义网模型、书签和目录结构等；基于行为的用户描述文件可以表示为用户浏览模式或访问模式。在具体实现时往往采用基于兴趣和基于行为的综合表达方式。用户描述文件可以用文件来组织，也可以用关系数据库或其他数据库来组织。目前，不少数字图书馆的个性化服务系统采用的是基于 XML（Extensible Markup Language）的 RDF（Resource Definition Frame work）来表达用户描述文件，并利用支持 XML 的数据库系统来存储用户描述文件。这样不仅利用了 XML 的优点，也保持了系统的良好性能。

（2）用户信息的收集与更新

在用户第一次使用数字图书馆个性化服务系统的时候，系统可以要求用户注册自己的基本信息和感兴趣的内容，也可以隐式地收集用户信息。在定制好一个用户描述文件之后，系统可以让用户自主修改，也可以由系统自己适应地修改，这样系统就可以随用户兴趣的变化而变化。用户跟踪方法可分为显式跟踪和隐式跟踪。显式跟踪是指系统要求用户对推荐的资源进行评价和反馈，隐式跟踪则不要求用户提供什么信息而所有的跟踪由系统自动完成。隐式跟踪又分为行为跟踪和日志挖掘。显式跟踪简单而直接，但一般很难收到实效，因为很少有用户主动向系统表达自己的喜好。因此，比较实际的做法是行为跟踪，因为用户的很多动作（查询、浏览页等）都能暗示用户的喜好。

目前，基于 Web 日志的挖掘技术得到了迅速发展，为数字图书馆开展个性化服务提供了可靠的技术保障。利用 Web 日志可以获得用户页面的点击次数、页面停留时间和页面访问顺序等信息，而通过分析 Web 日志可以获得相关页面、相似用户群体和用户访问模式等信息；数字图书馆个性化服务系统则可以利用上述信息创建或更新用户描述文件。

2.数字图书馆资源描述文件

个性化服务系统所应用的领域决定了它所处理的资源。有一些个性化服务系统并不面向特定的领域，它们用于导航、推荐、帮助或搜索。目前，数字图书馆个性化服务系统所处理的资源都属于文本范畴。资源的描述与用户的描述密切相关，一般的做法是用同样的机制来表达用户和资源。资源描述文件可以用基于内容的方法和基于分类的方法来表示。

（1）基于内容的方法

基于内容的方法是从资源本身抽取信息来表示资源。使用最广泛的方法是加权关键词矢量。对文档来说，关键的问题是特征选取，这要达到两个目标：一是选取最好的词；二是选取的词最少。要抽取特征词条，需要对文档进行词的切分。在切分的同时，利用停用词列表（stopword）从文档特征集中除去停用的词。在完成词的切分后，还要除去文档集中出现次数过少和过多的词。经过这些处理后，特征数目一般还很大，还需对特征进行进一步的选取，以降低特征的维数。在完成文档特征的选取后，还要计算每个特征的权值，使用最广泛的是 TFIDF 方法。对某一特征，TF（Term Frequency）表示该特征在文档中出现的次数，IDF（Inverse Document Frequency）表示 log（所有文档数或包含该特征的文档数）。为了加快处理速度，有时只考虑 TF 或 IDF 项，但单独考虑的结果会使效果显著下降。

为此，综合考虑 TF 和 IDF，是目前技术条件下的适当选择。

（2）基于分类的方法

基于分类的方法是利用类别来表示资源。对文档资源进行分类有利于将文档推荐给对该类文档感兴趣的用户。资源的类别可以预先定义，也可以利用聚类技术自动产生。大量研究表明：聚类的精度、高度依赖于文档的数量，而且由自动聚类产生的类型对用户来说可能是毫无意义的。因此，可以先使用手工选定的类型来分类文档，在没有对应的候选类型或需要进一步划分某类型时，才使用聚类产生的类型。

3.数字图书馆个性化推荐

数字图书馆个性化推荐可以采用基于规则的技术、基于内容过滤的技术和基于协作过滤的技术。

（1）基于规则的技术

规则可以由用户定制，也可以利用基于关联规则的挖掘技术来发现。利用规则来推荐信息依赖于规则的质量和数量。规则可以利用用户静态属性来建立，也可以利用用户动态信息来建立。为了利用规则来推荐资源，用户描述文件和资源描述文件需用相同的关键词集合来进行描述。信息推荐时的工作过程是这样的：首先根据当前用户阅读过的感兴趣的内容，通过规则推算出用户还没有阅读过的感兴趣的内容，然后根据规则的支持度（或重要程度）对这些内容进行排序并展现给用户。

基于规则的系统一般分为关键词层、描述层和用户接口层。关键词层提供上层描述所需的关键词，并定义关键词间的依赖关系（在该层可以定义静态属性的个性化规则）；描述层定义用户描述和资源描述（由于描述层是针对具体的用户和资源，所以描述层的个性化规则是动态变化的）；用户接口层提供个性化服务，即根据上述两层定义的个性化规则，将满足规则的资源推荐给用户。

（2）信息过滤技术

信息过滤技术分为基于内容过滤的技术（content-based filtering）和基于协作过滤的技术（collaborative filtering）。基于内容过滤的技术是通过比较资源与用户描述文件来推荐资源，其关键问题是相似度的计算。其优点是简单、有效；缺点是难以区分资源内容的品质和风格，而且不能为用户发现新的感兴趣的资源，只能发现和用户已有兴趣相似的资源。基于协作过滤的技术是根据用户的相似性来推荐资源，与基于内容的过滤技术不同，它比较的是用户描述文件，而不是资源与用户描述文件。它的关键问题是用户聚类。由于它是根据相似用户来推荐资源的，所以有可能为用户推荐出新的感兴趣的内容。

4. 数字图书馆个性化服务体系结构

基于 Web 的数字图书馆个性化服务体系结构与用户描述文件分布的位置有很大的关系。用户描述文件可以存放在服务器端，也可以存放在客户端，还可以存放在代理端。大部分个性化服务系统的用户描述文件都存放在服务器端。其优点是可以避免用户描述文件的传输，除了支持基于内容的过滤，还可以支持协作的过滤；缺点是用户描述文件不能在不同的 Web 应用之间共享。也有一些系统的用户描述文件是存储在客户端的。这种体系的个性化服务可以在服务器端实现，也可以在客户端实现。其优点是用户描述文件可以在不同的应用之间共享；缺点是只能进行基于内容的过滤。还有一些系统的用户描述文件是存储在代理上的，这种体系的个性化服务可以在服务器端实现，也可以在代理上实现。其优点是不仅可以支持基于内容的过滤和基于协作的过滤，还可以支持用户描述文件在不同 Web 应用之间的共享；缺点是可能需要传输用户描述文件。

（三）数字图书馆个性化服务关键技术分析

目前，信息领域的个性化服务技术已日渐成熟，推送技术、智能代理技术、智能搜索引擎技术、网页动态生成技术、过程跟踪技术、安全身份认证技术、数据加密技术等，都可以为数字图书馆的个性化服务提供技术支持。

1.推送技术

推送（push）技术是一种按照用户指定的时间间隔或根据发生的事件，把用户选定的数据自动推送给用户的计算机数据发布技术。

基于 push 技术的数字图书馆个性化服务，其首要的任务是收集和更新用户信息（这一点在前文已作了分析）。运用了 push 技术开展的个性化服务，主要方式有频道推送、页面推送、电子邮件推送、移动通信推送等。其工作流程为：首先是建立用户需求管理数据库，用户需要在这里完成注册，表述自己的信息需求，经过统计分析做成一个有效的电子身份证；其次是建立信息库，即从 Web 上搜集信息并进行分类整理、确定标准，把个性化的信息标准设立出来并进入信息库；最后是 push 服务器的信息推送，即 push 服务器根据已建立的用户和信息的对应关系，在适当的时间、以适当的方式、把适当的信息主动推送到用户的计算机上。

2.智能代理技术

智能代理（Intelligent Agent）是人工智能研究的产物，被称为"会思维的软件"。它由自含式软件程序构成，利用储存在知识库里的信息执行任务，特别适用于分布计算或客户端服务器环境，能彼此间进行交流，共同执行单个智能代理软件所不能胜任的任务。智能代理能够在用户没有具体要求的情况下代替用户进行各种复杂的工作（如信息查询、筛选及管理，推测用户意图自主制订、调整和执行工作计划等）。智能代理具有一定的推理能力，能够通过学习获得知识，能够随计算机用户的移动而移动，还能够通过协作和磋商来共同完成复杂的任务。从一定程度上说，智能代理服务是信息推送服务的一种变化和发展。

基于智能代理技术的数字图书馆个性化服务，主要表现在以下几个方面：其一，信息导航。用户上网查找信息时，智能代理能够充分发挥它的记忆和分析功能，根据用户的爱好分析出该用户当前感兴趣的主题，提示用户连接与其专业领域更密切的页面。其二，智能检索。当用户指定了特定的信息需求之后，智能代理能够自动探测到信息的变化和更新，进而将其下载到数据存储地存放起来，同时将该信息自动地提示给用户。其三，生成页面。智能代理能依据存放的信息动态地生成网页，用户可以通过这个友好的浏览界面进行互动式的交流。其四，信息库管理。智能代理能够管理用户个人资料及其个人目录下的信息库，可以方便自如地帮助用户从信息库中存取信息。

3. 智能搜索引擎技术

智能技术引擎是搜索引擎运用先进的人工智能技术的新一代产物（又称第三代搜索引擎）。它以其高度的智能化功能和突出的个性化优势，在数字图书馆个性化服务系统的构建过程中起着十分重要的作用。它以其良好的自然语言理解、知识逻辑推理能力，来判断、分析和处理用户的各种信息需求和提问，发挥着数据挖掘和知识发现的作用。从知识（或概念）面领域上同时匹配处理基于关键词的精确检索模式，以及基于自然语词的非规范表达句式，给用户提供检索问题的精确答案以及相关资料，使用户获得较高的检全率和检准率。

基于智能搜索引擎的数字图书馆个性化服务系统，既能体现智能搜索引擎综合现有系统许多功能的集成优势，简化、节约系统的技术结构内容，又可凭其良好的智能化与人性化功能，大大提高系统的工作效率，加速业务流程运行，使用户获得更为主动、快速、准确的个性化信息服务。在个性化服务系统中，知识库是智能搜索引擎的基础和核心，它是在数字图书馆信息资源库的基础上提炼、拓展而成的，是对数字图书馆信息资源库的判断、抽取、分析与概括。因此，智能搜索引擎的信息"源泉"是极为丰富的数字图书馆信息资源。

4.动态网页生成技术

动态网页生成技术可简要表述为：一个用户可以将一个 HTML 请求发送到一个可执行应用程序（而不是一个静态的 HTML 文件）。服务器将会立即运行这个限定的程序，对用户的输入作出反应，并将处理结果返回客户端，或者对数据的记录进行更新。通过这个模型，就可以在服务器和客户之间有效地进行交互。动态网页生成技术主要包括公用网关接口（CGI：Common Gateway Interface）、动态服务器网页（ASP：Active Server Pages）、超文本预处理器（PHP：Hypertext Preprocessor）、Java 服务器网页（JSP：Java Server Pages）等。其中，SUN 公司的 JSP 和 Microsoft 的 ASP 是目前两种比较成熟的动态网页生成技术。

JSP 和 ASP 都是面向 Web 服务器的技术，客户端浏览器不需要任何附加的软件支持，两者都提供了在 HTML 代码中混合某种程序代码、由语言引擎解释执行程序代码的能力。在 ASP 或 JSP 环境下，HTML 代码主要负责描述信息的显示样式，而程序代码则用来描述处理逻辑。普通的 HTML 页面只依赖于 Web 服务器，而 ASP 和 JSP 页面需要附加的语言引擎分析和执行程序代码。程序代码的执行结果被重新嵌入到 HTML 代码中，然后一起发送给浏览器。

JSP 和 ASP 所具有的动态网页生成功能为包括数字图书馆在内的信息机构开展富有成效的个性化服务，提供了强有力的技术支持。目前，在开发动态网页方面，国内数字图书馆大都采用 ASP 技术，而对于 JSP 技术的应用还处于尝试阶段。但相比之下，JSP 是一个开放的技术，它所具有的安全、高效、稳定和可维护性，比相对封闭的 ASP 更具有个性化优势，因而在数字图书馆个性化服务中有着更为广阔的应用前景。

（四）开拓前景

个性化服务技术给信息领域带来了一场新的革命，也为数字图书馆的信息服务开辟了广阔的前景。尽管这种技术在数字图书馆的应用还处于初始阶段，但走向广阔的前景只是一个时间问题。为此，面对日益增长的 Web 信息，要满足不同用户、不同背景、不同目的和不同时期的查询请求，值得我们研究和探讨的技术领域还很多，归纳起来主要有以下几个方向：

1. 用户兴趣和行为的表达

由于用户兴趣是多方面的和动态变化的，跟踪、学习和表达用户兴趣是最基本和难以解决的问题，这是数字图书馆个性化服务研究的首选方向。

2. 分类和聚类技术

分类和聚类技术是数字图书馆个性化服务的基本技术，不过有一些新的特点（比如能处理属于多个类的数据、能进行增量的处理、能处理高维和大数据量等），具有良好的可扩展性。这也是一个重点研究的方向。

3. 个性化推介技术

现有的个性化推介技术都存在一些缺点，如何克服这些缺点也是进一步研究的方向。

4. 标准统一技术

目前，网络信息组织和信息服务格式没有统一的标准，各标准之间互不兼容。因此，制定规范、统一的标准，提高数字图书馆个性化服务的信息资源共享程度依然是一个重要的研究方向。

（五）安全（隐私保障）技术

目前，已经开发应用的数字图书馆个性化服务系统大都存在着如何保护用户隐私这样一个关键问题。个性化服务技术要发挥作用必须提出一个能有效地保护用户隐私的机制，只有先保障系统的安全，才能顺利实现个性化服务。因此，安全技术是实现数字图书馆个性化服务的又一个研究方向。

第三章 网络背景下的图书馆服务提升

第一节 网络背景下的图书馆服务理论与措施

信息技术革命正冲击着图书馆原有的传统服务模式，网络技术作为对图书馆服务模式影响最大的一种计算机技术，为现代图书馆营造网络氛围提供了技术支撑，为图书馆发展注入了强劲动力。在图书馆服务逐步走向网络化的时代，一个现代化的图书馆应该是面向网络的，网络化是衡量现代化图书馆的重要标志，而研究探索网络环境下的图书馆服务的理论与策略，对传统图书馆服务向网络图书馆服务的转变具有十分重要的意义。

一、图书馆网络化服务的必然趋势

伴随着全球网络化的迅速发展，特别是因特网的出现，"大"图书馆的概念已经越来越呈现在人们的面前，在网上看来因特网本身就是一个图书馆。但是它已经推翻了传统图书馆的含义，其工作内容、管理对象已不再仅仅是图书了。已经变成了集收藏、保存、提供各种网络信息资源的巨大枢纽。网络化是现代图书馆服务的主旋律，而因特网恰恰是这些局域网络的集合，各种不同型号的计算机通过某种特定协议与它相链接，每部计算机的终端就如同传统图书馆阅览室的一把椅子一样。唯一不同的是它只供专人使用，掌握的是基于超文本方式的信息工具，将位于因特网不同节点的相关数据和信息有机网结在一起，用户仅需提出查询要求，而实际上如何查找、通过什么方式查找，用户便无须关心了。因特网已经构成了人类有史以来最大的信息资源网络系统，是世界上最大的公共图书馆。

电子文献、全世界网络互联及信息网络化服务的兴起，新型的高密度、超高密度信息存储介质的不断问世及网络技术的高速发展，正推动着图书馆传统文献资源数字化的进程并进入全自动网络化服务时期。因此发达国家如美、英、德等欧美国家的部分图书馆以及东方如日本、新加坡等国家的图书馆，在 20 世纪 90 年代初就开始了图书馆资源的数字化、网络化服务研究。我国图书馆现代化建设与之相比虽落后，但差距并不大，在信息资源网络化服务方面几乎处在同一起跑线上。如果及早规划，迅速采用先进技术，赶上或超过西方图书馆的现代化水平是可能的。我国图书馆肩负着历史的重任，不能再错失发展良机。

二、网络环境下图书馆服务的模式

随着现代化技术日新月异的发展及其在文献信息处理工作中的广泛应用，单个图书馆不再是一个独立的个体化藏书机构，其文献资源也不是单一的印刷型藏书模式，而是一个不断电子化、数字化、集多种文献载体于一体的高智能、集约化的网络电子信息资源系统。图书馆必须从以自有文献为基础提供服务转变到利用知识和开发利用多种资源及系统来提供服务，例如，建立和加强网络信息资源的分析、组织获取、控制等服务，将网络资源的组织和服务与图书馆内部资源组织及其服务有机结合起来，使图书馆成为整个资源体系与服务过程的一个主要、自然的有机部分。大力开发和提升参考咨询服务，强化其为解决用户实际问题提供增值服务、灵活连接多种资源和工具的能力，灵活利用多种知识使其成为图书馆信息服务的前沿、核心、中枢和窗口，淡化文献流通、阅览室管理和书籍典藏管理等环节。利用技术进步和馆际合作等提高文献收集组织工作，提升集约化程度和效率，大胆将人员、管理精力甚至必要的财力解放出来，投入到更具有智力内涵、挑战性和吸引力的功能服务中。

网络环境下的图书馆是基于互联网的知识网络，其可以为用户随时随地提供服务，它不仅提供传统的基于印刷介质的服务，而且更侧重对数字信息的重新组织，并提供重组后的信息服务。因此，从服务内容上看，网络环境下的图书馆是信息的重组和编导者。它利用计算机网络来支持图书馆之间、图书馆与信息源之间、图书馆与信息用户之间的各种信息交流，从而使图书馆在网络理论上的功能得以成为现实。

从信息传播和文献交流的角度来看，计算机网络只是提供了一种现代化的信息通道，这个通道比以前的信息交流渠道更为迅速、有效而且低廉。

所以，计算机和网络必将带来社会信息量的增加、信息质量的提高及个人信息视野的扩大。

网络环境下图书馆服务理念从"馆藏中心"到"自动中心"，图书馆的读者服务工作是"自助型"服务模式，实现的是一种全方位的"智能化"信息服务，提供的是"信息块"和信息存取途径。在这种模式下，图书馆能主动适应网络环境，不断地强化图书馆的信息重组能力和信息导航能力。图书馆将从文献实体的被动服务扩展到检索途径的提供、知识信息的整合和有效转移，并延伸成为一种信息能力的"馆外化"教育内容，使图书馆的读者在网络环境下能从"一馆"到"多馆"、从国内到国外，任何一个网上使用者都将成为图书馆的服务对象。

服务形式从简单单一到深入多样。传统的图书馆读者服务主要是书刊的借还、实体文献的查检、简单的参考咨询，服务形式简单单一。随着信息环境的变化，图书馆的读者服务将发生重大变革，如动态服务、双向服务、横向服务、层次服务、柔性服务。网络环境中图书馆的功能模式由传统图书馆的"藏用并蓄，以用为主"转变为"藏介并举，特色馆藏"。

读者使用文献资源的满意程度取决于资源利用的外部环境和信息资源本身的质量，前者主要包括存取方便性、信息可取性、信息及其存取费用；后者主要包括信息的权威性、信息的准确性、信息的新颖性和时效性。

传统图书馆以对文献实体的占有为基本特点，并在此基础上提供服务，读者的满意程度与馆藏大小有直接的关系，馆藏越全越好，越大越好。事实上，在评价图书馆时，至今我们仍以馆藏数量、读者量、读者到馆人数和读者的满意程度等作为重要的评价指标。在网络环境下情况就完全不同了，它不再需要图书馆尽可能多地占有文献资料实体，而只要图书馆能够提供存取所需资料的线索，就有可能满足读者的需要。之所以说有可能，是因为读者满意程度很大一部分将取决于馆际互借的开展情况。

由此得知，网络环境下的图书馆服务模式由传统的文献服务向信息服务转化，服务方式也是多种多样。传统图书馆与网络环境下图书馆服务的目的是一致的，都是为了满足用户的信息需求，突破单一的馆藏限制，综合性开发利用本馆馆藏及外馆馆藏，运用网络技术开发利用网上信息资源，全球信息资源共享将更为便捷。由文献传递向网上信息资源导航转变，图书馆信息服务工作由以提供文献为主体向以组织和提供网上信息资源为主体转变，由传递文献整体向传递具体信息转变。网络环境下图书馆服务正在由封闭型向开放型转变，由内向型向辐射型开放型转变，由物的传递向知识传递转变，由各自为政向集中型、联合型转变等等。

三、网络环境下图书馆服务策略

在网络环境下图书馆不再是封闭式、自成体系地发展，许多问题需要多个图书馆的合力和发挥自己的优势来进行共同研究，联合攻关才能得以解决。我国正在建立的三大文献信息资源共享系统，即教育部的中国高等教育文献保障系统 CALLS、中国科学院的文献保障系统、文化部的中国图书信息网络 CLANET，为我国图书情报领域的协作和联合以及文献信息资源共建共享开创了一个全新的局面。为此，相应的图书馆应该密切合作关系，就相关的信息基础结构方面的一些关键性问题进行协调，如 Internet 上电子保存的技术问题、Dublincore 理论研究、网上资源 MARC 等，扩大文献资源的共享。

建立计算机网络中心，通过统一的平台把图书馆的各种信息资源相互连接起来，为馆际互借等服务提供必要的文献所在信息，开展合作、开发数据库及各种形式的电子信息产品，或网络外购数据库及各种形式的电子信息产品，逐步与各类计算机网络中心建立连接。

重视虚拟馆藏的使用权，淡化实际馆藏的拥有权。现代图书馆的馆藏将由实际馆藏和虚拟馆藏两部分组成，而虚拟馆藏的价值将进一步得到充分体现，这将导致文献使用权比拥有权更重要。

开展网络用户教育服务，对用户进行的网络培训除向用户介绍网络的基本知识和如何利用各种检索工具外，还应告诉用户如何进行网上信息的收集、鉴别、个人资料的建立等。可开设网络知识课程，采取讲座、演示、实践的方法授课，讲授通过网络检索外地数据库的有关知识，使其学会使用复杂的检索技术，如布尔逻辑操作、截词法等。使用户能熟练地利用计算机辅助会议、电子邮件服务等，帮助用户选择最合适的信息检索工具。

同时要努力并重视最终用户服务。最终用户通常指那些利用计算机终端的用户。到馆的用户在做好到馆查询读者服务的同时，为那些通过网络的最终用户提供更多的信息。

进一步深化参考咨询服务。现代图书馆员将以文献的信息片段和情报内涵作为处理加工对象，提供一种以读者为中心充分揭示书刊文献内容的全方位的主动服务，完成从文献物的传递向知识、信息的传递转化。

强化网络化服务管理。网络化服务过程中的主体与客体是不见面的。读者的需求不能通过网上自助服务满足时，可通过图书馆在网上设置的公告栏、留言簿、电子信箱等提出要求。图书馆借此了解读者的动态需求，依次改进信息服务质量，调整图书馆的信息提供和网上资源布局策略。要有创新意识，不断开辟新的网上服务形式。比如在本馆主页上设置在线帮助、网上咨询、读者在线服务等项目，让本馆网络化服务的新读者得到及时的帮助或培训。利用在线服务或软件功能提供多种语言相互转换服务，使读者能获得各种语种的文献。图书馆网络化服务的时间是影响服务质量和效益至关重要的因素，要充分利用网络优势，让读者在任何时间通过网络都能得到服务，因此，实行全天候 24 小时网上服务是最佳选择。

四、网络环境下图书馆信息服务人员必须强化的意识

随着知识经济时代的到来和网络技术的发展，图书馆的信息服务也逐步走向网络化、自动化与信息化的新阶段。为了满足网络环境下读者对信息与知识的新需求，图书馆都在不断地拓宽业务范围，改善服务环境和服务手段，图书馆的服务模式也逐渐从过去的"内阅外借"走向以信息咨询为主体的情报信息服务。信息服务工作已经和网络系统密切结合起来，越来越多的工作需要通过网络来完成。新的形势对图书馆信息服务人员的能力和素质提出了更高的要求，如扎实的专业知识、熟练的信息技术、较高的外语水平等等。但与此同时，更新观念、提高认识是新形势下图书馆信息服务工作适应信息技术发展、实现可持续发展的前提和关键。

（一）网络环境下图书馆信息服务的新特点

1. 文献信息资源结构趋向多元化

文献信息资源结构多元化是计算机通信技术及多媒体技术发展应用的必然结果。传统的图书馆主要收藏印刷型的文献资料，而网络环境下大量的电子信息产品投入市场，使图书馆的藏书形式也发生了巨大的变化。虽然目前图书馆的馆藏图书仍以印刷型文献资料为主，并且印刷型文献在一段时间（也许是很长一段时间）内仍会在图书馆馆藏中占有主导地位，但同时电子信息产品，如电子报刊、电子图书，以及各种光盘出版物等，逐渐在馆藏文

献中占有了越来越多的比例。电子文献以其超大的容量、简便快速的检索功能得到了读者的广泛认可和利用。因此，网络环境下的图书馆是多种信息载体并存、互为补充的，共同满足人们不同的阅读方式和信息交流的需要。

2. 信息服务对象和内容更加复杂化

网络环境下，电子邮件、文件传输、远程登录等技术的发展，使得图书馆的信息服务不再局限于本地区和本单位，而是面向整个社会。服务对象和服务内容更加复杂化。社会上的读者可以在本地计算机上通过互联网登录到图书馆，查询他们需要的信息，成为图书馆的虚拟用户；图书馆也利用资源优势扩大服务范围，主动面向社会，促进信息服务向社会化、产业化发展。同时，新技术的发展使读者已经不满足于一般的信息查询，信息检索程度的加深，对信息的要求不仅要快、新、精、准，而且还要满足他们不同的个性化需求。

3. 信息服务方式和服务手段的现代化

随着网络建设的不断完善，图书馆电子资源的日益增多，计算机在信息服务中发挥了越来越重要的作用，传统的以手工检索及以纸质形式传递的信息服务方式逐渐被方便快捷的计算机、互联网上的操作所取代。网络环境下的信息服务突出显示了其"无墙化"的特征，读者更多地采取了远程终端访问主机的方式进行信息查询，打破了传统图书馆"面对面"的交流方式，打破了时空和地域的限制，节省了信息服务人员和读者的时间和精力。

（二）网络环境下图书馆信息服务人员必须强化的五种意识

网络时代图书馆信息服务工作发生的深刻变化决定了信息服务人员在观念上、自身素质上和工作方式上都要适时更新，以适应形势的发展，提高信息服务的质量和水平。观念更新是新形势下加大图书馆改革力度，实现图书馆飞跃式发展的前提。在网络环境下，图书馆信息服务人员必须首先强化以下五种意识：

1. 强化学习意识

网络环境下，由于服务需求、服务方式、服务手段及服务内容等已发生深刻变化，对信息服务人员的综合服务能力、外语水平、信息技术的应用能力等都有了新的更高的要求。同时作为信息社会的图书馆信息服务人员，不仅应具备文献信息管理理论与技能，掌握现代文献技术，还应至少了解和掌握某一专业，能站在某学科和专业研究的最前沿，捕捉最新的研究动态信息，以满足本学科、本专业的读者需求。对其他学科也应广泛涉猎，只有这样才能担负起文献信息的筛选、组织、整序等工作，才能对原始文献进行深加工，开发出高质量的文献信息产品，为用户提供增值服务。因此，信息服务人员必须树立很强的学习意识，树立终身教育的理念，不断更新自己的知识结构，提高综合素质。

2. 强化服务意识

服务是图书馆活动的核心，是体现图书馆所有的信息资源活动价值之所在，图书馆所有的活动都围绕着如何服务于社会与人来展开的。因此，信息服务人员的服务意识、服务理念将直接影响其服务的态度、水平和效果。传统图书馆由于读者需要到馆查找资料，与信息服务人员的交流和接触更为直接和密切，信息服务人员大都非常重视向用户介绍各种形式的馆藏文献信息资源，服务意识相对比较强。随着现代信息技术的发展，在网络环境下，当因特网成为人们获取信息的巨大资源库时，读者可以足不出户通过网络便登录到图书馆，信息服务人员与读者的直接接触大大减少，并且多数读者选择了不与信息服务人员联系，采用自行查找资料的方式。这种情况容易导致服务意识的弱化。而事实上，新技术的应用使人们对图书馆服务的期望值也随之提高，人们希望得到更多智力含量高的、经过深度加工的文献资源和更加个性化的服务。因此，信息服务人员应强化服务意识，根据网络化信息服务的特点，以读者为中心通过各种途径加强与读者的交流，进行读者研究，掌握读者信息需求特点，激发读者潜在的信息需求，以读者需要为导向而不是以馆藏资源为导向，建立开发读者适用的各种形式的信息资源。

3. 强化信息意识

信息意识是指人们对信息的态度和对信息的敏感程度，是人们对自然界和社会产生的各种理论、观点、实物、现象从信息角度的理解、感受和评价的能力。它表现为个体对信息的敏锐度，捕捉、分析和吸收信息的自觉程度，是个体适应环境、实现自我发展的重要基础。信息意识表现为：一是对信息重要性的充分认识；二是分析信息所属领域，判断信息价值的能力；三是对信息膨胀程度及流动更新速度的充分认识。信息资源共享、信息服务的网络化已经是不可逆转的潮流。网络环境下实现了信息的分布式存取，人们可以不受时空的限制对全球范围的信息资源进行查找和利用。信息资源的直接占有优势的重要性相对减弱，而获取和利用信息资源的意识和能力显得越来越重要。信息意识是搜集、处理、分析及综合利用信息等信息能力的前提和基础，它决定信息服务人员捕捉、判断和利用信息的自觉程度。信息服务人员只有具备了强烈的信息意识，才能使视野更开阔、思想更活跃，才能在浩瀚而瞬息万变的文献信息中发现有价值的东西，在满足原有文献需求的过程中又捕捉到新的层次更深、价值更高的文献信息。

4. 强化创新意识

在计算机、通信及网络技术高速发展的今天，随着用户电子资源使用水平的提高，读者通过网上电子资源可自行解决一般性的数据库查询，传统的以信息查询为主的信息咨询服务模式已经不能适应网络化的发展，创新已经成为图书馆发展的必然要求和重要动力。馆员作为图书馆发展的决定因素，特别是从事知识含量较高的信息咨询工作的信息服务人员，其创新意识的好坏决定了图书馆在网络时代的兴衰。图书馆信息服务工作必须改变思路，首先在思想观念、知识结构、业务技能等方面突破传统；其次要以开拓创新的精神，最大限度地发挥网络信息资源的使用价值，以满足读者需要为宗旨，在系统技术、文献管理、服务方式等方面主动创新，开发新的文献资源、服务项目，使信息服务工作发挥其应有的作用与价值。

5. 强化教育意识

读者教育是图书馆的重要职能之一。图书馆的教育职能直接作用于读者的发展和完善的过程，它对读者的教育具有长期性和稳定性。特别是随着信息时代的来临和知识更新速度的加快，人们对继续教育和终身教育的需要更为迫切，来自学校的教育内容已远远跟不上时代的发展和竞争的需要。图书馆应当对自己的教育职能有一个新的认识，图书馆的信息服务人员尤其应当强化读者教育意识。在日常的读者服务中，应借助其信息资源和设备的优势，为读者提供相应的文献信息的技能培训等方面的服务，帮助其完成继续教育的目标。目前，我国图书馆事业的发展和西方发达国家相比还有一定差距，读者利用图书馆的意识和能力也有待提高，许多人还未意识到图书馆在其个人教育和发展中的地位和作用，但随着知识经济时代的到来和信息技术的发展，图书馆在社会和个人教育中的重要作用将会越来越凸显出来。图书馆的信息服务人员应当及早认识到这一点，主动对读者进行信息意识和信息素养的培养，提高他们利用图书馆的能力，使图书馆的教育职能在新的环境下得以更大程度地发挥。

网络时代的图书馆是高度信息化、现代化的图书馆，网络时代的图书馆信息服务人员也应当是具有强烈的创新意识和开拓意识，有较高的综合素质及奉献精神的知识精英，他们创造性的劳动将使信息时代不仅不是图书馆的终结，反而成为图书馆发展的新纪元。

在信息网络化时代，具有丰富知识的人在图书馆事业的发展中起着决定性的作用。网络环境下的图书馆员应该是复合型人才，必须具备计算机知识和网络知识，熟练地掌握计算机语言，通晓英语乃至几门外语的具有开拓创新能力的人才；具备熟练和迅捷地开发与研究网络资源的能力和为读者提供特定领域信息的鉴别能力；知识丰富，具有网络管理、网络导航、网络咨询、网络信息资源管理及采集提供、分析研究等方面的知识和技能。

第二节 网络背景下图书馆读者服务工作的转变与深化

网络环境促进了图书馆工作的变革，拓宽了图书馆的信息服务渠道及服务范围，从而对图书馆的读者服务工作提出了新的要求。面对新的机遇和挑战，如何更新观念改变传统的读者服务模式，拓宽服务领域，深化服务层次，充分运用现代化的手段全方位、高效率地为读者服务，是图书馆读者服务工作需要探讨的问题之一。

一、网络环境下图书馆读者服务工作的特点

读者服务工作是图书馆的基本职能，也是图书馆一切工作的出发点和归宿。网络技术的飞速发展对图书馆的读者服务工作产生了巨大的影响，使图书馆读者服务工作的内容及方式也发生了变化，主要表现出以下一些特点：

（一）文献信息资源更加丰富

现代科学技术的发展促使新的文献信息载体不断产生，使得图书馆的馆藏结构发生了很大的改变，图书馆的读者服务方式也随之越来越丰富。在网络环境下，图书馆的馆藏文献信息资源主要由两部分组成：一个是现实馆藏文献信息资源，另一个是虚拟馆藏文献信息资源。现实馆藏文献信息资源

包括了传统馆藏和数字馆藏两部分，即指以印刷型实物载体的形式存在的图书、报刊等文献，以及经过数字化处理，存储在磁带、光盘等载体上的电子文献。虚拟馆藏是指利用计算机系统在网上搜集整理出来的文献信息资源。

（二）图书馆服务对象社会化

传统图书馆的读者服务工作主要是为到馆读者提供服务，而在网络环境下，人们可以通过网络方便地获取所需要的文献信息，足不出户就可以充分利用图书馆的信息资源。只要是具有阅读能力、能从事阅读行为或具有阅读取向的社会成员，都可能成为图书馆的读者。因此，图书馆的读者服务对象就辐射到社会人群的各个层次和方面，既包括现实读者，也包括网上虚拟读者，使网络环境下的图书馆读者具有明显的非固定性、非结构化特点。

（三）图书馆服务方式多样化

传统的图书馆文献资源主要以印刷品为主，服务模式也主要是以馆内文献阅览、图书借阅为主，服务方式比较单一。而在网络环境下，图书馆通过利用网络资源，由静态的物理空间变成一个动态的虚拟空间，由封闭到开放，使读者可以在任何地方、任何时间，通过电子邮件、文件传输等方式获取图书馆的文献资源，实现了图书馆的远程化服务。

（四）图书馆服务模式开放化

在网络环境下，图书馆的服务模式已经超越时空界限，形成了新的开放型的服务体系。读者可以利用网络随时随地浏览图书馆的资源，不再受开馆闭馆时间的限制，读者数量也不会受阅览室空间大小的限制。同时，图书馆也由原来的以馆藏为中心的服务模式变为以读者为中心的服务模式，最大限度地满足了读者的需求。

二、网络环境下图书馆读者服务工作的转变与深化

在网络环境下如何深化图书馆的读者服务工作，本书认为应该加强以下几个方面的工作：

（一）加强信息资源建设

文献信息资源是开展读者服务工作的基础和保障。只有不断加强、完善文献信息资源建设，才能更加有力地为读者提供全方位个性化的服务。

1. 加强文献资源建设。网络环境下的图书馆信息资源主要由印刷型文献资源、电子文献和网络信息资源构成。传统的印刷型文献是满足读者信息需求最直接、最基本的信息资源。由于印刷型文献具有其他类型的文献信息所不具备的特征和优势，在很长时期内仍然是图书馆信息资源中最重要的部分。所以，在网络环境下，在大力开发电子资源、网络资源的同时，仍然需要做好印刷型文献信息资源的搜集、整理和建设，同时编制各种检索性的二次文献，方便读者查询。

2. 加强网络信息资源建设。网络信息资源是指在互联网上可以利用的各种信息资源的总和，它是以数字化形式记录，以多媒体形式表达，通过网络传递的各种文献信息。由于网络信息资源数量庞大且没有经过严格的编辑和整理，具有信息资源的无序性，从而形成了一个复杂的信息世界，给读者或用户选择、利用信息资源带来一定的困难和障碍。因此，在网络环境下，图书馆应该对下载的网络信息资源按照一定的主题分类、整合，引导读者方便快捷地检索到所需要的信息。同时，图书馆还应对馆藏实体文献信息资源进行标准化和规范化整理，以便于全球性的文献信息资源共享。

3. 加强数据库建设。数据库是网络信息资源组织的主要形式。只有依托丰富的文献资源优势建设一些特色数据库，图书馆才能为读者提供优质、高效的知识信息服务。要针对学校或科研机构的教学科研需求和本地区政治、经济社会发展的文献信息需求，以及图书馆的文献资源、人力物力的现实条件，大力开发一批具有本馆、本地区特色的数据库，从而满足来自各个方面的读者需求。

（二）强化服务意识，提高图书馆专业人员的整体素质

图书馆员是文献信息服务工作的主体，是知识创新的推动者和知识应用的传播者。信息网络化的发展为每一位图书馆的管理人员提出了新的挑战。如何更好地利用图书馆的文献信息资源和网络信息资源为读者提供有效服务，不断提高图书馆员自身的业务素质是转变和深化图书馆读者服务工作的关键。在网络环境下，图书馆员不仅要熟练掌握图书馆基础业务知识，还需要掌握计算机网络知识，了解使用各种数据库，熟练使用图书馆的各种服务软件，能独立解决网络信息服务中产生的一些问题等等。同时还能对网络信息进行捕捉、鉴别和筛选，并及时提供给读者。

图书馆员还应具备一定的英语水平，以便捕捉、整合网络上的国外信息资源。因此，图书馆员要能够适应网络环境下的读者服务工作要求，就应

该不断吸收更新知识，掌握现代化的图书馆服务技能，提高读者服务工作的质量。

（三）为读者提供个性化、全方位的信息服务

在网络环境下，图书馆应该树立以现代信息技术为依托、以读者和用户为中心、以知识服务为重点的服务理念，为读者提供全方位、个性化的信息服务。个性化信息服务是以读者需求为中心利用数字图书馆的信息资源，通过网络传递而开展的有效的、分层次的多种类型的信息服务，主要有个性化检索服务、信息推送服务、信息导航服务等等。同时还要扩大服务范围，可以通过设置流动服务点、延长服务时间、开展读者活动、举办知识讲座、开展网络交互服务等多种服务形式，为读者提供具有教育性、学术性、娱乐性，多方面、全方位的信息服务。

（四）加强网络参考咨询工作

网络环境下，读者对图书馆的参考咨询服务无论在范围还是服务方式上都提出了更高的要求。面对日益增长的读者需求，图书馆应该转变和创新服务理念，建立新的服务机制和服务模式，不断创新参考咨询工作的内容、方式和方法。要树立以知识服务为主的创新服务理念，将参考咨询服务工作的重点从传统的文献咨询服务转移到适应网络条件的高层次参考服务上来，不断增强网络信息咨询服务意识，不断丰富网络信息服务内容，不断探索和拓展网络参考咨询服务工作的内涵和外延，为读者及时提供集成、多样、动态的数字化参考咨询服务。

第三节 网络环境下信息服务的特点及图书馆发展

网络环境之下的图书馆要解放思想迎接挑战，面对现实并面向未来的信息服务，需要在共建共享的供给、服务设施的完善、服务资源的优化、服务角色的转变等方面积极探索和尝试，开拓进取，实现可持续发展的对策。

一、网络环境之下图书馆在信息服务方面所面临的挑战

在知识经济时代，现代网络信息从各个角度和层面对图书馆形成了冲击。第一，网络的高速发展让人们对在图书馆获取信息的依赖程度越来越低，在信息资源的开发方面，图书馆显现出了不完全或者懈怠的情况，这也就让

人们对图书馆在信息服务方面的能力和功能产生了怀疑的态度，继而自己开始寻找渠道获得想要得到的信息。第二，在网络大环境之下，信息产业已经逐渐成为一个新兴的产业，图书馆只是该产业当中的一员而不是主角。这也表明现代网络的发展正在期待和激发着更高质量的图书馆信息服务。

二、网络环境之下图书馆在信息服务方面所面临的机遇

在网络环境之下，文献资源会逐渐成为网络信息最为主要的一个来源，这也就表明图书馆依旧是绝大多数信息资源的供给方。要是图书馆具备充足的资金以及技术人才等优势，可以将图书馆内部一些积累的资源转化成网络形式的资源，让图书馆逐渐从以往的文献库形式变成数据库，继而慢慢发展成知识库。图书馆的信息管理服务人员掌握着文献资料的收集、加工以及检索等各个方面的技能，而这些技能面对大量的信息，也能起到非常良好的作用，尤其是在网络普及、人们自身查询能力逐渐提升的现在，网络客户更加需要导航形式的服务。

三、网络环境之下信息服务所呈现的特点

服务信息浓缩与精准。当今社会的生活节奏越来越快，人们的效率观念越来越强，在检索和阅览信息的时候更加希望能够在最短的时间之内就获得最高质量的信息。结合人们的这个心理特征，ICP 的经营者加快研发和推出适应性的新方法、新招数，在所提供信息的精准度和信息服务方面呈现出浓缩并精准的特点。

服务取向"全"与"新"，"全"所指向的是信息资料提供的广泛和周全。"新"所指向的是信息的内容不能一成不变，要迅捷跟进，对于最新信息要能及时加工处理并传至网页，为读者阅览提供即时检索服务。

服务效能集成与迅捷。由于现代科技的高速发展，无线网络已经走进了每一个家庭，而在这样的环境之下，人们可以实现足不出户就能够对图书馆当中的各种信息和内容加以良好利用，让服务可以在读者利用网络的点击过程中实现，速度更加迅捷。

四、图书馆信息服务的发展对策

（一）共建共享的供给

当前的图书馆必须审时度势，在信息资源保障方面明确共建共享理念，

摆脱一馆信息资源保障的模式的局限，寻求图书馆信息资源共建共享的信息服务对策，以期能够实现服务质量的提升，形成对客户更大的吸引力。在图书馆与读者以及图书馆与图书馆之间建立起紧密的联系，让他们之间的信息共享显得更加流畅。

（二）服务设施的保障

依赖计算机以及通信网络的电子文献信息的传递形式与传统文献信息的传递形式大不相同，需要将信息资源转换成计算机和网络来存储和读取的形式，虽然图书馆已经具有了相关服务设施基础，但基础设施的升级和完善仍然是提供最佳技术保障必须着力解决的重要问题，同时也是图书馆在信息服务上实现网络化的重要前提。

（三）服务资源的优化

在充分优化和开发电子信息的资源的过程中，要对馆藏结构加以优化。利用合理的配置方式，在一定程度上提升对数据库、电子刊物以及光盘数据库的定购量。在构建选购模式的时候，应该对出版物在价格和性能方面做出充分的调查，对那些具有更高性价比的电子文献加以优先考虑，降低用户在上网过程中所产生的流量费用，充分发挥图书馆的信息服务特色，加强人才、数据库建设，改变服务理念，树立网络意识，建立一个以网络信息服务为主体的图书馆。

（四）服务方式的转变

网络环境下，图书馆对于读者的信息服务方式要在坚持服务至上、效用性及便利性的原则基础上予以转变。要牢固树立"以读者为中心"的服务观念，重视调研读者的信息需求，将读者的信息需求与电子信息服务的优化契合起来，积极探索更适合读者需要的服务方式，不断开拓图书馆信息服务工作的新局面。

五、网络环境下图书馆个性化信息服务

图书馆的网络个性化信息服务是一种网上信息服务方式，这种服务方式的实现主要是借助于计算机及网络技术对信息资源进行收集、整理和分类，向用户提供和推荐相关信息。用户可通过联网的计算机来查阅或设立网上信息的来源方式、表现形式、特定网上功能以及网上服务需求方式来获取这些信息。在网络环境下，图书馆还可以根据用户的设定，主动地向用户推荐其所需信息，以满足用户对信息的需求。网络个性化信息服务既是一种个性化服务，也是一种信息服务，它的提出是基于传统信息服务不够深入以及网络环境下用户需求呈现出差异性和个性化而言的，是以用户满意为中心的主动服务。开展图书馆网络个性化信息服务是提高图书馆信息服务质量和信息资源使用效益的重要手段，它突出了信息服务的主动性，使过去那种"我提供什么，用户就接受什么"的服务方式变为"用户需要什么，我就提供什么"的服务方式，开拓了图书馆服务的新思路。

（一）网络环境下图书馆个性化信息服务的现状及问题

1.图书馆个性化信息服务的基础资源不容乐观

图书馆开展个性化的信息服务满足读者的个性化信息需求，就需要查阅大量的网站、数据库或者纸质文献。但是由于图书馆的资金投入不足，很多图书馆的文献资源基础受到动摇。信息资源数量、价格上的快速增长与信息资源经费短缺的矛盾严重影响着图书馆信息资源的合理建设，致使许多图书馆难于合理配置各种信息资源，基础条件的落后使很多图书馆的信息资源建设呈萎缩趋势，有限的馆藏资源和无限的用户信息需求成为图书馆的主要矛盾，这个矛盾也同样制约着图书馆个性化信息服务的开展。

2.图书馆开展个性化信息服务的技术难以到位

目前个性化信息服务的支撑技术已经基本成熟，主要包括 Web 数据库技术、网页动态生成技术（ASP、ISAPI、CGI 等）、数据推送技术、过程跟踪技术、安全身份认证技术、提供安全严密的身份认证管理、数据加密技术、智能代理技术等。但是由于多年来图书馆在向自动化、信息化发展过程中，重"硬"轻"软"现象普遍存在，自动化网络的功能效应还未充分得到发挥。图书馆的服务手段相对落后，跟不上自动化的步伐。虽说目前个性化信息服务的支撑技术已经基本成熟，但要真正在图书馆运行起来还有一定的难度，这样在很大程度上也制约着个性化信息服务的开展。

3.图书馆个性化信息服务的界面设置单一

个性化的界面设置包括个性化网页外观定制、栏目布局和内容模块的选择等；网页外观定制是定制网页和主题的颜色、网页字体和刷新频道等；栏目布局是确定所选栏目的布局方式和排列顺序；内容模块的选择是对各项信息和服务模块的具体内容进行定制，用户可根据自己所需选择栏目和工具。但目前提供个性化服务的图书馆界面设置都比较单一，一般只包含一些简单的查询服务，形式也比较单一。

4.个性化信息服务人才短缺

个性化信息服务是有针对性地为特定用户或用户群提供从文献保障、信息收集、动态跟踪到定位文献检索的定期或不定期服务。个性化信息服务与以往的参考咨询服务不同，它呈现出广泛、大量、高层次等特点，这种个性化服务与面向广大读者的一般性服务的最大不同在于服务对象专一，服务要求水准高。这就需要个性化信息服务人员具有较为广博而扎实的学科知识和较强的检索能力、分析综合能力、社交能力、组织协调能力、调研能力、文字表达能力等；要熟悉各种信息的来源及检索方法；还要有较高的外语水平和计算机网络知识等。而当今图书馆的工作人员，知识结构不合理，普遍缺乏课题所涉及的学科知识；缺乏能开展参考咨询、网络检索、信息分析、市场调研等高质量的个性化服务人员，所以说建立一支具备个性化信息服务素质的人才队伍迫在眉睫。

（二）网络环境下图书馆个性化信息服务的解决办法

1.整合馆藏数字资源，提供个性化的数据库查询服务

研究表明，传统的信息组织方式不再适应个性化服务的要求，从以图书馆为中心转变为以用户为中心的组织信息资源是个性化服务发展的必然要求。目前图书馆的数字资源可谓是非常丰富，有正式购买的、自建的及试用的各种数据库。当这些数据库的数量达到一定的程度时，如果仅仅在图书馆网页上提供每个数据库链接，显然是无法满足读者的需求的。我们可采用以下几种办法有效地提供个性化检索服务，以提升图书馆数字资源的利用率：

（1）建立异构数据库统一检索平台

让用户在统一的 Web 页面上选择个性化的检索点，输入检索词，并选中待查的数据库名称，然后系统通过运行后台程序自动深入到用户选中的各个数据库中进行检索，最后系统把检索到的结果返回给用户，使用户可以通过一个检索入口检索到所有数据库中的信息。

（2）自建整合数据库

针对重点学科将分散在各个全文数据库中的电子期刊重新进行归并整理，编写统一的 Web 发布界面，并将期刊重新进行归并整理，编写统一的

Web 发布界面，并提供分类浏览以及期刊检索功能。

（3）建立特色虚拟馆藏

网络上具有学术价值但没出版的原始文献越来越多，它们通过 WWW 或 NewsGroup 以电子出版物的形式发布和交流，因此根据特定用户的需求有计划组织信息资源和链接 WWW 信息服务器，整理网上信息下载用户重点研究课题所需的信息并存于本地服务器上，建成具有本馆特色的虚拟馆藏，并根据用户不断变化的信息需求随时更新，为用户提供特色信息服务。

（4）按学科、专业、主题建立起来的网络信息资源导航库

网络导航系统是为了满足用户的多种检索需求而提供的 种帮助。这个导航只是把 Internet 上与学科或某些主题相关的节点进行集中，以方便用户检索为原则，用用户熟悉的语言组织起来，向用户提供这些资源的分布情况。在这个整合的导航库里只是存储相关信息的索引数据和 URL 地址，而原始信息则广泛地分布在各地网络，这样用户可以及时掌握相关领域或学科的最新动态。图书馆应积极为重点学科建立网上导航系统，加快重点学科的光盘数据库系统建设。

（5）建立定制化网页

在此项模块内用户可定制个性化图书、个性化论文和个性化 Audio/Video 等。它更多地依赖数据库技术和动态网页技术，它从本质上并没有改变图书馆原有的信息组织方式。通过一定的机制为用户创造对图书馆资源进行重组（扩大或缩小资源范围）或选择的机会，实现某种程度的个性化，定制出个人数字化平台，与各类用户群体建立互动、交流的关系，也就是开展个性化信息服务最直接的主动服务方式，图书馆服务器能按照用户的需求定期传送其所需的信息，进行个性化的服务。

2. 运用数据挖掘技术，强化图书馆参考咨询服务功能

数据挖掘（Data Mining）就是从大量的、不完全的、有噪声的、模糊的、随机的实际应用数据中，提取隐含在其中的、人们事先不知道的但又是潜在有用的信息和知识的过程。

（1）建立挖掘数据

建立挖掘数据库的过程包括数据收集、数据描述、数据选择、数据清理、构建元数据、构建挖掘数据库和维护挖掘数据库。

数据收集：用户访问服务器时，就会在服务器上产生相应的日志文件，包括访问者的 IP 地址、用户标识、被存取的 URL 地址、存取访问的时间等一些关于用户连接的物理信息。如果对这些参数进行一定的分析，就能够了解用户的来源、用户的访问路径和用户的兴趣爱好。另外用网络监听的办法在数据包中提取出 HTTP 请求和应答或根据用户注册登记时提供的相关信息，都能进一步提高挖掘数据源的有效性。

数据描述：是对收集的数据进行描述。如对访问者 IP 地址的数据描述包括：字段数目为 15，字段数据类型为字符型，字段值的范围为 0.0.0.1 到 255.255.255.254，字段空值的百分比为零。

数据选择：是选择用于数据挖掘的数据，一般不用全部收集的数据。这是因为通过对数据采样不仅能减少数据处理量，而且能使数据更具有规律性。

数据清理：由于各种各样的数据质量问题，数据域中可能包含了一些不正确的值，这就需要对数据进行清理，修改错误的记录，删除不相关记录。

构建元数据：上述步骤完成后，就可以把用于挖掘的数据放入一个独立的用户个性化原始信息数据库中，并进行定期的备份和动态的更新。

（2）分析数据

在挖掘数据库建立之后，就要对数据库中的数据进行分析处理，来寻找每个事务。首先根据某个用户的 IP 划分数据，找到每个用户的访问记录集；然后将该用户的访问记录集以一个固定的时间间隔进行分割，找到该用户的每一次访问记录集，我们称这个每一次访问记录集为一个访问事务；最后，将所有的访问事务按时间排序，构成进行挖掘的事务集；另外，还需把网页中的文本、图片及其他文件转换成数据挖掘算法的可用形式。

（3）调整数据

数据调整包括选择变量、记录、创建新变量、转换变量四个部分。选择变量和记录是因为随着变量个数的增加，模型的建立时间也随之增加。另一方面，盲目地把所有变量都加进去会导致建立错误的模型。如果对某些数据进行挖掘时值域需在一定范围内，如 0 和 1 之间就需要进行转换变量的操作。

（4）模型化

利用统计分析的方法统计网页的访问频率、访问时间、访问路径，了解用户在哪里进入网站，是每次都经过首页，还是通过搜索引擎直接进入感兴趣的网页，是在哪一页过后跳出了网站。通过这些分析，并将分析的结果放入模型化的用户个性化数据库，从而指导系统。针对不同的用户来改进页面和网站结构的设计，修改网页之间的连接，产生动态的推荐超链接列表，把用户想要的东西以更快且有效的方式提供给用户。我们将运用数理统计和关联规则等方法，把挖掘分析的结果放入一个个性化数据库。当用户下次进入系统时，系统就可根据个性化数据库提供给其符合信息需求的页面。另外，由于用户的信息需求是不断变化的，所以需要定期地采集原始数据，并结合用户个性化数据库中的历史信息，再次进行个性化分析并产生结果，更新个性化数据库。

（5）评价

评价是为了测试模型的实用性和有效性，可从原始信息数据库中拿出一定百分比的数据作为测试数据，对建立的模型进行测试。通过模型给出的结果和原始数据信息进行比较，测量出模型的准确率。若准确率高于既定的标准，就认为这个模型是有效的；若低于既定标准，则需找出错误原因，重新进行挖掘。

3. 建立学科馆员制度，开发馆员隐形资源

实施"学科馆员"制度是提高图书馆个性化信息服务水平的一个重要保证。"学科馆员"应当具备较高的图书馆业务水平、较高的学历与职称；具备广博的文化基础知识及学科背景；具备较熟练的计算机应用能力等。在网络环境下，如何利用 Internet 上浩如烟海的网络信息进行优质的个性化服务是现代学科馆员的主攻方向。学科馆员应当熟悉各种网络工具的检索功能、检索策略，并运用高效的检索技巧回答用户的检索提问；学科馆员应当根据学科专业特点及读者需求，将网络信息资源加以收集、分类整理，编制索引资源库，实现网络资源导航，提高个性化服务的质量。

在目前数字化资源急剧增长的情况下，图书馆在整合数字资源的同时，应以信息咨询、信息挖掘技术开发为主体，强化图书馆参考咨询服务功能，充分挖掘图书馆员的隐性资源，帮助用户及时准确获得信息，并对检索结果进行筛选、整序，从而达到个性化服务的最佳效果。

第四节 网络背景下的图书馆服务管理

一、IMC（整合营销传播学）的内涵及实施条件

20世纪90年代中期以来，IMC（Integrated Marketing Communication，整合营销传播学）的浪潮在全球掀起。伴随着因特网和电子商务大潮的涌入、服务经济时代的来临、市场需求的日趋个性化和多样化，IMC在中国大地上如火如荼地发展起来。越来越多的中国企业已经认识到企业的生存不再是靠制造一成不变的产品，而是要了解和服务于顾客，并与顾客建立互惠互存的关系，进而创造全新的价值，实现组织的目标。服务不仅作为一种盈利的方式，还将作为贴近用户的一种手段。

IMC正是以消费者为传播对象，营销与传播彼此交融，营销传播手段相互整合，是多种媒体传播的新型传播学。它既是知识经济时代企业竞争激烈的反映，也是营销深刻变化的产物。它不仅突出了消费者在整合营销传播中的地位，真正体现了顾客至上的原则，而且强调了企业与消费者的双向沟通，以积极的方式适应顾客的情感，培养忠诚的顾客。同时，整合营销传播学还着重突出了媒体的作用，尤其是互联网新媒体的使用，成为不可或缺的环节。目前提供的对网站访问状况的分析统计软件已十分成熟，其精确程度已经达到可以满足全程定量分析提出的全部复杂要求。这些统计软件可以向传播者提供读者一天24小时中各个时段的访问流量，一个时间段（诸如1周或1月）的读者访问总量，所有读者所在的国家和地区，网站中被访问最多和最少的专栏，读者进入网站后最常规的浏览路线等各方面的统计信息。这些信息提供了网络读者的全方位的状况，彻底改变了传统传播过程中对受众状况不甚了解的被动局面，因此对网络传播者及时有效地调整服务方略具有极其重要的意义。

日新月异的信息技术催生了IMC，并为IMC的有效实施提供了技术保障。IMC站在以消费者为中心的立场，以数据信息技术的应用为手段，通过向企业的销售、市场和服务等部门提供全面、个性化的客户资料，并强化跟踪服务、信息分析能力，从而使企业得以提供更快捷和周到的优质服务，吸引和

保持更多的客户，以便改进服务水平，提高服务质量，进而提高客户的满意度、愉悦度。

二、IMC 与传统营销的区别

IMC 是在传统营销理念的基础上发展起来的，它是对传统营销的发展和升华，并且从根本上对传统营销进行了变革。IMC 与传统营销的区别主要表现在以下四个方面：

（一）由重视产品营销转变为重视全方位服务

传统营销方式，以顾客需求作为出发点，进行产品的生产、产品价格的制定及产品推销方式的选择，即以"4P"为主要手段开展营销；而 IMC 要求企业以客户为中心，以"4C"（Customer 顾客、Cost 成本、Convenience 方便、Communication 沟通）代替"4P"来有效地组织信息流、货币流和物流。体现了以客户为中心、服务第一的全方位服务理念。

（二）由关注需求差异化转变为关注需求个性化

网络时代，企业需要重视每一位客户的差异需求，进行个性化的营销与服务。为了更好地实现个性化服务，企业需要分别对其客户进行资料搜集、管理和分析，分别为其提供个性化的量体裁衣式的解决方案。

（三）由重视顾客满意转变为重视顾客愉悦

传统营销是通过对顾客需求的把握提高顾客的满意度。IMC 认为，仅让顾客感到满意已明显不够，只有当服务方式、服务项目超出了顾客的期望，顾客得到了他意想不到的服务和感觉，即得到了超附加值的服务，顾客才能感到愉悦。

（四）由独享客户信息转变为共享客户信息

IMC 强调对全公司的数据进行集成，使得客户信息得以共享，从而使所有员工拥有更多的潜力来更有效地与客户进行交流，体现了全员营销的大营销观。

可见，IMC 是一种高度理性的态度和方法体系。在这个体系中，顾客被置于非常中心的位置，企业的一切工作都围绕着消费者的界定、发现、获得、持续互动来展开。在 IMC 的方法逻辑里，充满了对消费者自身态度和行为数据的全面系统而且持久的研究精神。消费者概念的 DNA 是数字、态度、行动、行为规律、信息、诱因、传播、投资回报、绩效、互动的规律等一切，都是用数据来描述、表达、论证和运用。因此，应用 IMC 就要不遗余力地去获得、去研究、去积极有效地使用消费者数据。图书馆作为一个服务组织，其服务管理与企业经营管理有着异曲同工之处。目前，我国各图书馆基本上实现了网络化、自动化管理，然而图书馆的服务管理仍停滞在被动的服务状态，缺乏把需求和传递联系起来，以需求制约搜集、整理、传递与服务的观念，忽视了利用信息技术手段对受方，即读者需求、读者心理机制的研究，忽视了利用读者反馈信息调节图书馆服务系统行为的研究。至今图书馆界对读者需求的调研和读者满意度的评估尚未形成体系。因此，图书馆引入 IMC 进行服务管理，不仅是时代发展的需要，更是图书馆自身发展的需要。IMC 在图书馆管理中的应用必将使服务管理跃上一个新台阶，使读者真正体会到服务带来的愉悦。

三、IMC 在图书馆管理中的应用

IMC 要义之一：强调与顾客的双向沟通，充分利用网络传播技术开展 360° 的客户关系管理，拓展全新的服务方式和服务项目。

图书馆引入 IMC 进行服务管理，则要求图书馆的一切工作都应围绕着对读者的界定、发现、获得、持续互动来展开。传统信息服务虽以消费者为中心，事事处处考虑消费者的利益，在传播过程中告知、说服消费者，但消费者对信息的控制较为有限。作为新的电子媒体，互联网充分显示出双向传播的交互特性，具体表现为：

其一，传播信息的速度十分迅捷；

其二，与读者的联系更为密切，传播者和受众可以随时进行交流；

其三，网络新闻传播可以同时传送文字、图像和声音，从而造成一种动态的传播效果以吸引读者；

其四，网络新闻传播可以不限时、不限量地储存信息，运行各种信息数据库，使得读者可以随时进行检索；

其五，网络新闻传播能够对读者状况进行精确的定量分析与掌握，彻底改变了传统传播对受众状况不甚了解的被动局面，对传播者调整服务方略具有极其重要的意义。

图书馆网页是联系馆藏资源、网络信息资源和读者的桥梁，网页设计的好坏直接影响读者的使用意愿与行为，也是吸引读者光顾实体图书馆之重要因素。因此，网页设计除应尽量体现简洁、新颖、重点突出、针对性强等特点外，还应提供方便的导航系统、必要的帮助信息、常见问题解答系统等。面向读者的网页应包括：

图书馆概况——图书馆的历史、机构设置、馆藏特色等；图书馆在线检索服务——Web 环境下图书馆数据库、光盘数据库、网络数据库检索等；图书馆在线咨询服务——建立检索咨询窗，讲授网上应用技术以及 Internet 导航服务。

为读者提供全方位服务。Yahoo 主营服务是搜索引擎，但同时提供新闻、游戏、购物、拍卖、聊天、旅行收音、个人主页、Web 托管和对外内联网服务等。网上图书馆全方位的服务应包括设置新颖的"读者园地"，以网络互动的形式由专业图书馆员负责回答读者有关图书知识方面的问题，让读者辅导工作走近读者，满足读者对图书馆知识有更深入的认识、了解的要求；建立"读者俱乐部"，全方位地在 Internet 上与读者建立起平等的交互平台，定期组织读者的交流活动，并将交流成果放到网页与大家分享，构筑起网络环境下一种新型的图书馆和学生的互动关系；设立"网上学习查询园地"，充分利用网络环境，为"虚拟大学"服务。由于远程教育不分年龄、不分层次，很多人利用计算机搜索引擎查找的相关信息不够简练，需要图书馆提供高质量的信息导航服务；图书馆还充分利用网络中心、校园网以及多媒体技术开辟信息角，建立毕业生信息档案和用人单位信息资料库，帮助他们开展网上咨询和交流，为大学生提供就业指南。

Internet 为图书馆和读者构建了一个平等的交互式平台，在这里，读者的主体意识和参与意识都被充分调动起来。图书馆要有意识地在网上开辟"新书介绍""图书评论""读者随笔""专题讨论"等网络热线和系列版块，由图书馆组织专业评论人士、馆员和读者共同参与，定期或不定期地推出网上讲座，让读者在图书馆中有更强的主体意识、参与感、成就感，真正实现图书馆与读者的双向沟通和互动。

IMC 的另一要义：站在以消费者为中心的立场，以数据信息技术的应用为手段，对企业的营销资源和营销目标进行系统运筹和操控。伴随着服务经济时代的来临，伴随着市场需求的日趋个性化、多样化，要求服务的提供必须以用户的需求为基础，才能为用户接受。美国的福特公司就是通过市场调研了解顾客的需求，通过差异化的品牌产品连接顾客的。福特公司依靠差异化的产品线，包括家庭用的雪佛莱、商务用的别克到豪华的凯迪拉克，抓住了每一个消费群体。因特网的广度使图书馆能直接面对读者，因特网的互动性使图书馆可以即时直接获取读者对服务的看法，了解读者的需求。此乃图书馆开展服务工作的先导，更是提高服务质量的参数指标。因此，建立有效的用户信息管理系统，即用户需求的感觉系统、效应系统和反馈系统，对用户的需求变化和反映及时监测，并根据用户的需求提供多样化、个性化的产品与服务，提高服务的实效性和针对性。具体来说：

因特网的互动性使图书馆可以即时直接获取读者对服务的看法，了解读者的需求。一般来说，网上读者的需求按从低到高的层次有四种：了解图书和服务信息，从中寻找能满足个性化需求的特定信息；寻求问题的解答及对图书馆知识的自我学习、自我培训；必要时和图书馆员接触，解决比较困难的问题或询问一些特殊的信息；参与服务的设计、改进等。这四个层次的需求相互促进，呈螺旋式上升。具体到同一时期的不同读者、不同时期的同一读者来说，需求的具体情况是不同的。这需要网上图书馆进行认真、细致的调查研究，随时掌握各位读者的需求情况，为实现图书馆与读者"一对一"关系的建立、巩固和强化提供有价值的依据。因此，图书馆要了解读者的个性化需求，就必须通过读者的在线消费行为收集读者的信息，如读者的姓名、年龄、性别、需求状况、行为规律等，建立读者数据库。图书馆要针对这些情况设计与开发个性化的服务，尽可能地满足每个目标读者的需求。

在主页上做一个用户调查统计表或设计一份合宜的问卷，读者回答后直接通过线上传回；或提供读者之间、读者与图书馆之间的互动讨论区，借以了解读者的需求，并作为改进服务的参考；在网上建立读者意见调查区，了解读者对服务质量的意见，协助图书馆服务质量的改进和提高；建立网上读者自助设计区，提供顾客化的产品与服务。

建立多种信息反馈渠道，要求读者在访问图书馆主页时登记个人情况，并将收集到的用户数据做成营销数据库，不断满足读者的需求，提高读者满意度；设立"读者电子信箱"，将读者的意见和建议及时反馈，帮助我们了解读者的阅读倾向及查询中遇到的问题，便于进一步改进和提高服务上的方法和质量，同时也作为调整信息服务策略的依据；借助网上的信息，图书馆也可收集用户人员变数、心理变数、行为规律、互动规律等资料作为分析资料，以了解读者搜寻信息行为的情形，进一步了解读者使用互动式信息的情形，更好地满足读者的多样化、个性化需求。

实际上，IMC全面有效地应用，迟早必然会造成"数字崇拜"的组织文化，一旦组织导入，一定会引起观念文化调整、决策机制重构、人员素质匹配等方面的碰撞和重构。目前首要的问题是全面提高员工网上服务素质。图书馆员的服务意识、服务态度、服务知识和服务技能会对"读者感觉"中的服务质量产生极大的影响，是网上服务质量能否稳定的关键。图书馆必须高度重视馆员网上服务知识与技能的培训、与读者互动交往能力的培训以及组织文化精神的培训，全面提高图书馆网络工作人员的个性化服务素质，从而借助员工服务素质的不断提高来保障图书馆网上服务质量的稳定及提升。

四、互联网技术在图书馆管理中的应用

图书馆是社会发展的产物，社会的转型必然导致图书馆的转型，社会的发展不断推动着图书馆的转型和发展。物联网技术在图书馆管理中的应用就是图书馆管理方法转型的一种表现。物联网是指把所有的物品通过射频识别等信息传感设备与互联网连接起来，实现智能化识别和管理。通过智能感知、识别技术与普适计算广泛在网络中的融合应用，被称为继计算机、互联网之后的世界信息产业发展的第三次浪潮。

互联网波及到整个社会中，在高速发展的互联网时代，我们意识到作为代表先进文化的公共图书馆，必须适应互联网技术日新月异的发展，积极探索互联网技术与公共图书馆管理的融合，增强公共图书馆提供便捷、高效服务的意识。

五、互联网技术与图书馆管理

（一）互联网技术对图书馆管理的影响

在互联网新的信息环境下，互联网对传统图书馆带来的冲击和变革是必须的，网络环境下的图书馆服务方式将由过去的封闭型服务转化为开放性服务。互联网的出现和发展为真正意义上的资源共享提供了方便可行的途径，而网络环境下的图书馆管理员除了需要具备传统图书馆的服务素质和意识，还要进行知识更新和补充，提高各类信息的有效利用率。

（二）互联网时代公共图书馆的管理发展方向

1. 数字图书馆

数字图书馆是以大规模的数字化信息资源为中心，利用智能检索以电子商务的模式进行管理，用宽带高速网络进行传输，进而将多媒体信息传递出去。数字图书馆是新一代图书馆的一种信息管理系统。

2. 虚拟图书馆

虚拟图书馆作为一种信息空间，把本地常用的馆藏与网络提供的图书馆服务及商业性信息结合起来，图书馆的文献信息以数字形式在网络上高速传输，以大数据为基础建立一种大规模的网络文献信息资源系统，从而满足用户需求。

3. 网站图书馆

网站图书馆是根据单位或地区用户的某些特定需要，将互联网上存在的信息资源与馆藏的特定文献信息结合在一起，形成特色站点或节点。读者可以根据自己的需求利用网站图书馆进行相关资源的检索、打印等，有效利用了图书资源。

公共图书馆的管理发展都是基于互联网技术，在互联网技术的基础上建立公共图书馆实体店与互联网在线网站、虚拟的图书馆相结合，组成庞大数据库，极大满足了用户的阅读需求，也促进了公共图书馆的管理与发展，提高了公共图书馆图书的有效利用率。

六、互联网技术在图书馆管理中的应用研究

（一）公共图书馆O2O电商服务模式

O2O（Online To Offline），又称为线上线下电子商务，不同于电子商务的传统模式，O2O把线上的消费者带到现实的商店中，在线上进行消费活动，线下在商店提取货物或享受服务。O2O通过提供各种服务信息并传递给互联网用户，将线上用户转化为线下客户，以此来扩大市场范围。适合必须到实体店消费的商品和服务，同样适合公共图书馆的管理及服务。

公共图书馆的O2O电商模式是通过创建手机App，将线上的消费活动与线下服务结合。主要功能包括24小时移动自助借书、自助缴费、图书续借、文献检索、借阅网点地图定位引导、互动咨询服务等。这项服务的实施通过互联网技术落实财政部和文化部免费开放公共图书馆的行动，推动了我国全民阅读事业的迅猛发展，有效解决了市民"无处看书，无书可看"的困境，改变了图书馆的闲置状态，增加了公共图书馆的有效利用。

（二）移动 App 在国内公共图书馆中的应用

目前我国少数发达城市的公共图书馆已经开展了移动 App 服务，但功能比较单薄，主要为读者提供文献查阅、新闻公告、借阅信息、新书通知查询等服务。

国内公共图书馆移动 App 应用主要有两个层次，一是单体图书馆的移动 App 服务，主要以图书馆自身庞大的数字资源为基础开发。例如，国家图书馆 App 功能包括条码、二维码识别并检索图书馆的馆藏信息，对读者卡用户提供图书借阅、续借、图书及豆瓣书评等服务。二是众多图书馆群的集成移动 App 服务。超星移动图书馆联合数十个图书馆制作移动阅读平台，用户在移动设备上完成个人的阅读、续借、查询、搜索，方便快捷，为用户提供了更高效的服务。

公共图书馆事业依托互联网来做贴心服务，让图书馆服务更接地气，互联网缩短了公共图书馆与读者之间的距离，最明显的特征就是动态和非线性，在互联网时代每个人都有指尖上的权利，这也就要求我们应及时满足顾客的需求，主动适应高速发展的互联网。

公共图书馆是开展全民阅读的物质基础，是文化产业的重要组成部分，新世纪的文化产业是基于互联网时代背景下的。互联网时代背景下的公共图书馆与文化产业的结合，促进了公共图书馆的转型。图书馆作为衡量城市文化水平的一个重大标准是与时俱进的，公共图书馆随着互联网的发展而变革，未来具有无限可能。

第四章 新媒体背景下的图书馆服务提升

第一节 新媒体对大众阅读行为的影响

一、大众阅读行为概述

（一）阅读的相关理论

1. 阅读的本质

阅读是人类特有的一种社会活动，是人类认识世界、改造世界的重要手段，是人们汲取知识、启迪心智的最基本途径。阅读是指读者主动从媒介所提供的符号信息中获取意义的一种实践活动、社会行为和心理过程。

2. 阅读的特征

特征是人们认识事物与区别其他事物的基础标志。就阅读而言，具有以下三个特征：

（1）阅读是视觉感知的活动

读者首先由视觉感知文字信息，其次由传导神经将文字信息输入大脑，最后大脑的中枢神经从中提取所需的信息。人们通过默读和朗读，把无声的文字转变为有声的语言，同时听觉器官感知并监听口读。感知文字符号信息只是阅读的手段，阅读的主要对象是书面语言（文本、数字、图像等），通过视觉的扫描从书面语言中获取意义。感知只能了解读物的个别属性和外部特征，从而获得感性认识。人们的一切认识都是从感觉开始的，感知是阅读的开端，从这个意义上讲，感知能力是十分重要的。

（2）阅读是一种复杂的语言技能活动

阅读是由一系列阅读行为和阅读技巧组成的语言实践活动。阅读技能又可以细分为许多微技能，如字词的识别、语义的分析、提取有关知识、思考推理、归纳等等。这些过程在人脑中是同时进行的，只有学会释词断句、撷取重点、归纳中心、查阅工具等技能，才能把书本上的语言变成自己的语言，把文章所要表达的中心思想通过思考转化成自己的思想。

（3）阅读是个人思维活动和理解的过程

在阅读的过程中，人们通过感官感知文字信息后还必须经过思考、想象、判断、推理等一系列的思维活动，才能将文字信号转换成各种概念和思想。无论是从生理学角度还是从心理学角度，理解文章都是一个复杂的过程，这种过程被一定的规律所支配，由人的大脑思维非常独特的特性所决定。理解是人们逐步认识事物的联系直至认识其本质、规律的一种思维活动。阅读理解的实质就在于以原来掌握的固有知识与读物中的新知识建立必要的联系，理解的过程是对文献进行再加工的过程。在这种过程中，人们通过对文献内容的逻辑分析和综合判断等一系列的思维活动，将文献中的语言进行总结、提炼，变为自己的思想。从而获得阅读的乐趣，从中获取知识。

3. 阅读的功能

阅读对人的素质中最基本、最核心的部分——价值观、道德观、人生观和审美观等方面有着深刻的影响。阅读不能延伸人生的长度，却可以改变人生的深度和厚度。通过阅读，我们可以视通四海、思接千古，与智者交谈、与伟人对话，构建起丰富的精神世界。

（1）阅读具有求知功能

阅读是获取信息和占有知识的重要手段，是一种不受时空限制的、受到人们普遍接受的行为方式。人们获取知识的主要途径除自身实践外，还要靠阅读，阅读实际上就是挖掘知识的过程。阅读的材料越多，获取的信息、占有的知识也就越丰富。人们掌握了丰富的知识，方能达到认识世界和改造世界的目的。

阅读是人们的终身活动，对儿童、少年、青年、中年或老年人，都具有增加知识的效果，"学会求知"在某种意义上就是学会阅读。通过阅读，既能接受前人探索自然、观察社会的成果，从中吸取经验和教训，也能通过报刊、书籍和网络搜集需要的最新信息。阅读是读者认识客观世界的向导和桥梁。

（2）阅读的审美功能

人类追求的最高价值是真、善、美。其中，"真"属认识的价值，"善"属道德的价值，"美"属艺术的价值。阅读的审美价值即指读物和阅读活动本身对读者产生的美感陶冶作用。

阅读可以增强读者的审美意识，培养读者的审美能力，激发读者的审美创造精神。阅读的审美价值来自读物内容方面的思想、哲理、品质、情操的意境美与读物形式方面的语声、结构、形象的节奏美。阅读是复杂的心智技能，阅读审美价值的实现依赖于读者对读物内容和形式美的体验、鉴赏和评价。读者在阅读活动中能陶冶高尚的审美情操，能熏染健康的审美趣味，从而完善读者的审美心理结构。

（3）阅读的开发智力、锻炼思维功能

智力指人认识、理解客观事物并运用知识、经验等解决问题的能力，包括记忆、观察、想象、思考、判断等。这个能力包括以下几点：理解问题、计划问题、解决问题、抽象思维、表达意念以及语言和学习的能力。其中思维能力是最主要的智力因素，处在智力因素的核心地位。阅读过程从本质上说也是思维过程，当阅读者聚精会神地阅读时，即是在不断地思索、想象、判断、推理和评价。

广泛的阅读能不断地促进知识的积累和技能的增长。一个人的知识越丰富，对事物的观察就越敏锐、深刻，而在诸多能力中起决定性作用的思维活动就能在广阔的领域中进行，就能对事物的判断和推理更准确，也会更富有想象力和创造力。

（4）阅读培养品德、陶冶情操的功能

陶冶情操，培养品德，除了依赖于社会实践之外，善于阅读也是重要的途径之一。阅读有助于人们深刻地了解人与人、人与社会之间的关系实质，而这正是科学地对待人生、树立高尚道德情操的必要基础。阅读有价值的读物会使读者的心灵得到净化，性情得到陶冶，甚至影响读者的人生道路和人生观。

4.阅读研究的内容

阅读涉及人、阅读对象、阅读环境、阅读过程等多个方面，每一方面又包括诸多内容，归纳在一起阅读研究包括三个方面的内容：阅读主体、阅读客体、阅读本体。

（1）阅读主体

阅读活动的主体主要是指与查找、选择、阅读和利用文献有关系的人。它包括两个方面的社会成员：一方面是对文献信息有着现实需求的读者；另一方面是文献信息的提供者和服务者（包括文献的作者与图书馆工作人员）。

作为阅读主体的读者，广泛存在于社会的各个行业和阶层之中，一切具有阅读能力并从事具体阅读活动的人都属于读者的范畴。一个人成为阅读主体应该具有三个条件：一是有阅读欲望；二是具备一定阅读能力；三是从事阅读活动。三者兼备才是真正意义上的阅读主体。

（2）阅读客体

阅读活动的客体又称阅读的对象，是阅读主体（读者）依据一定的时境，采取一定的手段所指向的对象。阅读客体不仅包括阅读对象（读物），而且包含阅读环境、阅读时间、阅读工具等基本要素。

①阅读对象

阅读的客体或对象只能是文本（包括超文本，即数字化文本）。对阅读对象的非文本化超越只能是对科学阅读概念的解构。

1）文本的含义

第一，文本译自英文的 text，是文学理论中的基本术语之一，是书面语言的表现形式。从文学的角度说，通常是具有完整、系统含义（message）的一个句子或多个句子的组合。一个文本可以是一个句子（sentence）、一个段落（paragraph）或者一个篇章（discourse）。

第二，计算机的一种文档类型。该类文档主要用于记载和储存文字信息，而不是图像、声音和格式化数据。常见的文本文档的扩展名有 .txt、.doc、.docx、.wps 等。

第三，指任何文字材料。如基本由词汇组成的思维导图、广告材料等，也可以看作是文本。

2）文本的特征

根据文本形态来看，从历史上的甲骨、青铜器、莎草纸、羊皮、竹简、木版、缣帛、纸张，到今天的胶片、磁带、光盘、电脑网络等都是阅读的文本。总体来看，文本经历了从简册到纸本，从抄本到雕版印刷再到机器印刷，再从印刷型到电子型的发展过程。然而同一发展阶段存在多种文本并存的现象，某一时期文本的选择受当时文献发展的客观需要、社会生产技术提供的现实性、读者个人的阅读兴趣等多种因素的制约。

②阅读环境

阅读环境被称为仅次于阅读对象的第二信息源，有主观和客观之分：主观环境指阅读的精神状态，包括读者的心理状态、学术观点等；客观环境指阅读的物质环境，包括自然环境和社会环境。

③阅读时间

阅读时间和阅读工具也是阅读客体中不可缺少的因素。任何阅读活动都是在一定的时间链条上进行的。科学地管理和运筹时间是提高阅读效率的保证。阅读工具是联系阅读主体与阅读客体的中介，是读者在认识把握读物过程中运用的手段。阅读工具包括各类工具书籍、器具以及各种阅读工具学科和工具语言。任何阅读实践除阅读主体、阅读客体、阅读环境之外，都离不开阅读时间和阅读工具。

（3）阅读本体

阅读本体指的是读者（主体）阅读某一读物（客体）的实践活动。阅读活动实际是读者与读物连续和反复相互作用的过程。阅读活动的本质是与阅读相关的物质过程与精神过程的统一，是个人行为与社会活动的统一，也是现实行为与历史记录的统一。因而，从广义上说，阅读是一个开放的系统。

在具体研究层面，读者、读物与阅读本体是一个相互关联的整体，对读者阅读行为的研究需要结合各个方面因素综合考虑。

（二）读者阅读行为概述

读者行为学是一门研究读者行为规律的学科，阅读行为是读者行为的表现，而读者行为是指读者在信息需求的支配下，查找、选择、阅读和利用信息资源的行为方式，是一个从需要到行动的过程，是对外部环境和心理环境的外显反应。因此，研究读者的阅读行为规范，就要对读者在其阅读需要、动机、阅读能力、阅读目的等方面进行分析和总结，寻找其规律。

1.读者阅读行为的内涵及特性

（1）阅读行为的内涵

阅读行为是阅读中读者在生理和心理过程的表现形式，是阅读情境中的一种能动反应，它是实现阅读活动的内容、目的、效果的手段。阅读行为包含读者、读物和阅读环境三大要素。阅读行为的实现过程是人们对媒介信息符号的感知过程。在阅读过程中，读者是阅读行为的主体，是阅读行为产生的前提，媒介所提供的信息是阅读行为的作用对象。读者通常是对文本形成初步的看法，然后搜索自己关注的信息，并根据阅读的目的和情境调整阅读策略。

（2）阅读行为的特性

尽管读者的阅读行为会因为个人的需求、动机、能力、文化阶层等不同而异，但总体而言，读者的阅读行为有其共性。

①阅读行为的广泛性

当今，在知识主宰人类生产和发展，主导整个经济社会进步的信息化时代，任何有阅读能力的读者都会以各种阅读方式广泛阅读，汲取知识，丰富自身的知识结构，全民阅读已经成为社会发展的必然趋势。

②阅读行为的多样性

社会实践产生阅读需求，阅读需求决定阅读动机，阅读动机引起阅读行为。因此，阅读行为是一个从需求到行动的过程。阅读行为受外在环境和心理因素的影响，是读者对阅读环境和心理环境的外在反应。这种反应的复杂性，构成了阅读行为的多样性。对阅读地点、阅读内容、阅读形式、阅读时间的不同选择都体现着不同的阅读行为。

③阅读行为的目的性

阅读是一种目的性、动机性很强的心理活动过程，阅读目的在整个阅读活动中的意义是不言而喻的，目的越明确，阅读的效率就越高。目的性是读者阅读行为的显著特点之一，没有阅读目的的阅读行为是毫无意义的行为。每个读者都是为了获取某一方面的知识而去阅读的，这是自觉的、有目的的阅读行为。

④阅读行为的阶层性

由于人们在经济、政治、文化等方面的条件不同，从而形成了不同的社会层次。不同层次的读者的反映在思想、行为和社会地位等方面也有很大程度的差别。他们在文化程度、兴趣、个人修养方面存在着差异，因而在阅读需求、动机、理解深度、阅读方法及阅读目的方面有较大差别。同一阶层读者的兴趣、爱好相近，其阅读内容也会相对较为接近，其阅读能力、方式也较集中和相似。如知识分子读者、学生读者、工人读者、干部读者，其阅读行为明显带有各自的特点，存在着差异，这体现出读者阅读需要在阅读内容和阅读水平上的层次性。

⑤阅读行为的社会性、环境性

阅读行为总是不能脱离一定的外部环境，包括阅读者个体的社会文化背景及阅读发生环境，阅读者文化背景的差异必然导致他们认知习惯、学习方法和思维方式等方面的差异。文化背景差异势必影响到阅读者的解读方式和理解水平。只有具体地研究读者，把读者放在特定的时代和社会环境中加以考察，才能认清读者的社会性特点。

⑥阅读行为的连续性

阅读是一个循序渐进的知识积累的过程，更是潜移默化的人格修炼的过程，读者的阅读行为表现为一种连续不断的过程，即阅读需求—阅读动机—阅读目的—阅读行为—阅读目的实现—新的阅读需求—新的阅读动机—新的阅读行为……如此循环往复。

2.读者阅读需求特征和类型

众所周知，人的行为总是伴随着人的需求、情感、意志，人的活动总是由某种需求、目的来引发的，阅读活动自然也不例外。阅读需求是人们进行阅读活动的动力源泉，有了阅读需求，才会为自己提出阅读的目的，形成阅读动机，从而产生阅读行为。读者的阅读行为通常是在两种情境下发生：一是读者有某种需求，通过各种途径或手段去寻求阅读对象，从而产生阅读行为；二是读者并没有明确某种阅读需求，只是由于处于外界某一情境下而产生阅读行为。因此，研究读者的阅读行为必须先了解他们的阅读需求。

（1）阅读需求的基本特征

任何具体的阅读行为总是和一定的阅读需求联系在一起，而阅读行为的实施也是以获取能够满足阅读需求的目标对象为目的。

在读者意识活动中，阅读需求是最本质的，起主导的作用。它制约和影响着读者其他的意识活动，诸如动机、情感、认知、兴趣、意志、态度等心理过程的发生和进行是决定读者阅读行为的根本动力。要认识和掌握读者具体的阅读行为，必须先从了解读者的阅读需求去寻求答案。

　　尽管读者性别、年龄、职业、民族、阶层、兴趣爱好、能力、动机不同，但他们的阅读需求反映了不同的社会实践内容及读者自身特征的变化，总体而言，读者的阅读行为有其共性。从宏观上分析，阅读需求有如下特征：

　　①阅读需求的多样性

　　不同年龄、性别、民族、职业、文化水平、个性心理及购买力等方面的因素决定了读者表现出不同的阅读动机、目的。读者需求的多样性既表现为对阅读媒介内容上的要求，也表现出各类读者对媒介的选择、购买，具有多种多样的指向和特点。所有这些都证明了读者阅读需求的多样性。

　　②阅读需求的可变化性和发展性

　　随着社会的进步、发展和科学文化知识水平的提高，读者的阅读需求也在不断变化。一种需求欲望满足以后又会不断产生新的更高的需求或这一需求向另一需求转移，潜在的需求转变成现实需求，微弱的需求转为强烈的需求，强烈的需求转向微弱的需求等，都是经常发生的。另外受各种社会因素的左右以及个人兴趣的变化的影响，读者阅读需求大都不会固定于某一方面，满足某一要求，而是不断变化发展的。

　　③阅读需求的时代性

　　马克思主义认为，人是环境的产物。读者阅读需求也是特定时代的产物。读者阅读需求常常受到时代精神、风尚、环境等的影响，表现出很强的时代感。受社会环境变化的影响，社会提倡什么、一度流行什么都会强化读者的阅读欲望，使之产生迎合某种时代风气的阅读倾向。

　　④阅读需求的可调节性

　　读者的需求是可以引导和调节的，并不是一成不变的。这就是说通过各种宣传渠道能够引导读者阅读需求发生变化和转移。读者的潜在阅读欲望可以变为明显的行动，未来的阅读需求可以变为现实的阅读需求。

　　⑤阅读需求的多元性

　　随着计算机技术、网络技术、多媒体技术的发展，读者对阅读的需求日益增长，读者以多种媒介方式进行阅读成为可能。如传统的阅览与现代的计算机索取、网上索取、超文本索取等，传统方式与现代方式并存，阅读呈多元化的趋势发展。需求内容也将向有序性、复杂性等方向综合发展。

（2）阅读需求的基本类型

读者在阅读活动中表现出来的兴趣和需求是多种多样的。从不同的角度和标准出发会看到各不相同的读者需求类型。按照阅读的目的，可以把阅读分为学习性阅读（积累性阅读、理解性阅读、发展性阅读）、欣赏性阅读（审美性阅读、消遣性阅读、娱乐性阅读）、研究性阅读（评价性阅读、专题性阅读、校勘性阅读）、创造性阅读；按阅读对象，可以把阅读分为白话文阅读与文言文阅读、文章阅读与文学阅读、哲学社会科学的阅读与自然科学的阅读；按照阅读方式，可以把阅读分为朗读与默读、精读与略读、全读与跳读、慢读与快读、个体阅读与群体阅读；按照阅读者的素质，可以把阅读分为幼儿阅读、青少年阅读、成人阅读、基础阅读、职业阅读、专家阅读。

二、新媒体对大众阅读行为的冲击

在当今新媒体盛行的时代，网络新媒体、移动新媒体、数字新媒体以及融合新媒体等相继出现，深刻地冲击着大众阅读行为，纸质阅读率持续下降，数字化阅读迅猛发展，快速浏览、消费式阅读、实用型阅读、精读等多种状态共存，阅读从"纸媒时代"的线性阅读逐渐步入以传统媒体阅读为主导、以新媒体阅读为主流的"大阅读时代"。尽管传统阅读方式的主导地位暂时难以撼动，但新兴的数字化阅读方式呈迅速增长趋势，已经引发了阅读方式的深刻变革，碎片化、多元化、大众化、娱乐化的阅读方式盛行，"深阅读"越来越少，"浅阅读"越来越多；"翰墨书香"越来越少，"数字屏幕"越来越多；"专心致志"越来越少，"走马观花"越来越多。面对新媒体的冲击，特别是数字化阅读带来的转变，读者阅读行为在阅读动机、阅读兴趣、阅读方式、阅读内容等方面悄然发生着改变。

（一）新媒体环境下阅读的优势

1.传播内容丰富，阅读无限量

如前所述，新媒体时代就是信息大爆炸的时代，信息量成倍乃至成几何级地增长，各种各样的信息内容冲击着我们的大脑，浩如烟海的信息容量给了我们无限的选择。网络上各类信息汇聚成海，新闻、视频、音频、微博、电子书等都以秒为单位实时刷新着我们面对的各种屏幕；融合了文字、声音、图像、动画、视频等多种形式的媒体，不仅克服了传统的报刊、广播和电视之间难以逾越的障碍，而且阅读效果更是"图""文""声""像"并茂，内容更加形象生动，大大提高了人们的阅读兴趣。毫无疑问，采用图文、音乐、视频、动画等多媒体形式立体呈现内容和主题的方式将是未来媒体传播的发展趋势，也必将提升我们的阅读体验。网络阅读以技术为基础，为我们带来了海量的信息和快捷的链接。新媒体造就了更多的信息源，丰富了内容供给，我们不仅可以阅读到感兴趣的内容，还可以围绕阅读内容调用各种资源，展开各种链接、评论、历史背景、视音频资料等辅助阅读。互联网使全球信息资源共享成为可能，它几乎能提供所有我们所需的信息，可以说其他任何一种媒体都无法超越具有海量信息的网络媒体。这极大地丰富了我们的阅读内容，我们可以不限时、不限量地阅读和传播信息，可以选择自己关心或感兴趣的话题，甚至参与其中、体验互动。新媒体的这种特性是传统媒体无法具备的。纸质报刊、图书、广播、电视等传统媒体的信息容量有限，针对的受众也有限，且制作成本巨大，难以实现实时检索、互动传播等功能。但新媒体则完全不同，伴随着互联网数据的不断膨胀，我们只需轻点鼠标，便可以从搜索引擎、各类数据库中迅速地获取所需的信息。

2. 传播介质多样，阅读无障碍

无论是网络新媒体、移动新媒体、数字新媒体，还是正在起步的融合新媒体都越来越受到大众的青睐，并潜移默化地改变着人们的阅读方式。读书可以不用一本本地去翻，我们能够借助各种数字化工具随时随地实现阅读。从某种意义上说，我们阅读的内容始终没有变，无论它是刻在甲骨上，是写在竹简中，还是印在油墨飘香的纸张上，抑或是展现在冰冷刺眼的荧屏上，我们要读的始终是其承载的信息，而不是甲骨、不是竹简、不是纸张，也不是荧屏。但是传播介质的改变确实改变了我们的阅读方式和阅读体验，现在我们可以借助各种各样的智能终端，在任何地点、选择任何形式去阅读，而且具有更环保、更便利、低成本等方面的优势。电脑在线阅读是数字化阅读中种类最为丰富的一个大类，包含了新闻、网络文学、网络杂志、论坛、博客、邮件、RSS 订阅和各种教程等，通过浏览器或专门的阅读器向读者提供丰富的资讯。第一时间获得信息、第一时间反馈信息、音视频并茂、可以随意选取等特点，这是传统阅读所不能匹敌的。移动智能终端（特别是手机）充分发挥了其灵动、智能、便携、快捷的优势，为我们变换出丰富多彩的阅读形式。同时平板电脑和电纸书（电子阅读器）的迅速发展也不可小觑，它们渐渐成为人们的阅读利器，尤其是电纸书，因其采用电子墨水屏最接近纸质书籍的阅读感受，成为最为适合数字阅读的设备。移动智能终端的普及彻底颠覆了人们的阅读模式，当前"界面"阅读大有替代"纸面"阅读之势，移动终端上的阅读习惯正在形成，受众在移动终端上的阅读率在不断上升，这不仅仅是受众获取资讯和兴趣内容的渠道，也成为一种休闲和填补碎片化时间的重要方式。

3. 传播方式开放，阅读无边界

从传播的方式来讲，传统媒体属于线性的传播，常常受时空的制约。新媒体则可以突破地域、时域的限制，传播方式实现了从单向到双向甚至多向的转变，发布者和受众、受众和受众可以进行动态的交流，在互动中不断丰富媒体内容。我们可以通过网上大量的超文本链接对阅读的进程、方向和结果进行选择，也可以从网上存储的浩如烟海的信息中根据自己的需要随意查询，从而彻底改变传统的阅读方式。同时新媒体传播方式更具个性化，博客、播客、微博、微信等自媒体的传播方式，使得每一个人都能够成为信息的发布者，人人都是中心。

我们已经迎来了一个"自媒体"的时代，只要有网络存在，一台电脑、一部手机、一台平板都能成为我们表达自己观点、传播自己信息的媒介。新媒体完全打破了时空的局限，使信息的传播渠道更加多元化，也使我们的阅读行为更加多元化，我们既能看书读报，又可以观看视频和高清图片，而且完全不受时间和地域的局限，既可以横向跨平台阅读，又可以纵向追踪了解事件报道，接受方式从固定到移动转变，实现了受众与媒体的零距离接触。同时"网络公开课"日益影响着中国的高等教育，拉近了中国与世界教育的距离。现在，网易公开课、新浪公开课、搜狐名校公开课以及中国公开课（央视网）等风靡网络，深受网民的追捧。

4. 传播速度极快，阅读无时差

当我们打开各种门户网站，满屏的新闻信息扑面而来，而其中很多都是即时信息。正是网络技术的发展，使新媒体成为实时传播的工具，它去除了复杂的剪辑和烦琐的后期制作与排版，极大地缩短了编辑的时间，使信息内容第一时间呈现在我们面前，这是任何传统媒体都无法做到的。目前很多大型门户网站都能做到文字、图片、声音和视频的实时传播，内容更新更加方便快捷，能够实时地推送到读者面前。同时新媒体的使用者对于第一时间发布信息拥有越来越高的主动性，以微博为例，在许多突发事件报道中它都发挥了重要作用，甚至可以现场直播，传播相当迅速。新媒体在信息的传播上具有极强的时效性。虽然当今的电视，在许多重大事件上使用了"现场直播"技术，使新闻从过去的"TNT"（Todays News Today）变为"NNN"（Now News Now），但是在许多普通新闻或者突发新闻的处理上，依然要通过一系列的采、播、发的程序才能与观众见面。而新媒体则会在事件发生后的最短时间内播出，比报纸、电视、广播等传统媒体的时效性要强得多。今后随着各类穿戴式终端的出现，依赖视频、传感、互动操作等方面的强劲性能，势必会极大地拓宽我们的视野。

（二）新媒体环境下阅读的劣势

1.阅读的盲目性

首先，网络的开放性使超文本负面信息过多，导致网络阅读内容的权威性和可信性不足；其次，信息过于庞杂，让人们难以选择；最后，读屏的页面干扰较多，存在其他诱惑，与书籍相比较难专心于阅读，若要取消干扰还需另付费。由于电子书要依靠电子阅读器或电脑等媒介进行阅读，而这些媒介往往有其他娱乐功能，容易让人分心。有时我们打开电脑屏幕是一种很随意、无意识的行为，或者只是一个习惯，思想跟着屏幕走，屏幕跟着手指走，很难有阅读的重点，只是为消遣和消磨时光。我们也常常会有这样的经历，本来要在网上查找某个资料，点击几次链接后却忽然发现已经跑到某个娱乐新闻或者别的什么与先前无关的内容中。当读者的阅读感被娱乐感所取代，阅读也就成了一种消遣的方式，带有一定盲目性和无序性。

2.阅读的功利性

很多人都在感叹时间太少，所以读书自然要读实用的书，没用的书不必去读。于友先认为，一种新的"读书有用论"正在悄然流行，而"有用"的定义在这里又变得非常狭窄。这种读书的功利化也在一定程度上弱化了我们读书的动力。在商业化、娱乐化的环境下，纸质图书的读者在大量流失是不争的事实。人们被娱乐化的电视节目所吸引，被碎片信息泛滥的网络所俘获，难以分配足够的精力来读书；或被奔波劳累的工作、紧张的学习和生活压力所迫，已无法静下心来读书。我们不仅要倡导全民读书，而且更要引领阅读的方向，指导人们读什么和怎么读。不过，对于健全人格的充分发展来说，功利化的阅读也是必要的。通过有目的的阅读丰富自己某一方面的专业知识或生活常识，以提高自己适应社会、适应现代生活的能力，这也是阅读的应有之义。但这是远远不够的，阅读的根本意义并不仅仅是传播知识，更重要的在于塑造人格。

3. 阅读的被动性

因为新媒体无处不在、无时不有，所以我们常常处于"被阅读"的状态。首先是媒体选择的被动性。与其他媒体相比，新媒体呈现出强烈的侵入性与强制性，无须征求我们的同意便直接将信息推送到我们面前。目前新媒体广告成为都市的新景观，伴随着无数闪动的荧屏入侵我们的公共空间，如办公楼宇、宾馆电梯、公交车辆、地铁车厢、出租车等等。其次是信息接收的被动性。

4. 阅读的浅俗性

在新媒体传播中，受众的媒介拥有率、类型及时间分配与频率、阅读地点与场合、阅读内容偏好以及阅读时的专注程度确实呈现浅阅读的趋势。浅阅读是浏览式、随意性、跳跃性、碎片化的阅读习惯，符合大众流行文化与消费文化的基本特质。尽管浅阅读有其存在的合理性，可以快速获得信息和扩大知识面，但是浅阅读越来越呈现出娱乐化的趋势。它难以成为人们提升学识修养和理论思维的手段，反而容易形成功利性阅读，甚至导致思维能力弱化，难以保证阅读的深度和有效性。国外相关机构做过实验，同样的内容用纸质图书和电子图书两种方式阅读，纸质阅读的效果更好，也就是说纸质阅读能够让人更加专注，记忆也更深刻。这一现象很大程度上是由于数字阅读的思维方式所致，浅阅读的特征就是浅表化、娱乐化、消费化，这或许就是为什么在新媒体阅读渐成主流的今天，纸质阅读仍未消亡的原因吧。

（三）新媒体环境下大众阅读行为的变化

随着信息技术特别是移动网络的迅速发展，屏幕阅读成为人们主要的阅读方式，以电脑在线阅读、手机阅读、平板等手持设备阅读等为代表的数字化阅读方式盛行，人们的阅读习惯也在悄然改变，由单一线性阅读到多元互动阅读，阅读的目的、内容、方式、途径甚至阅读体验都在发生变化，阅读行为不再受时空限制，并逐渐成为我们生活的一部分，可以说在当今时代阅读即生活。但是我们也应看到虽然数字化阅读具有快捷、方便、及时等优点，但同时也容易令人产生思维惰性，追求感官刺激，导致只入眼、不入脑，有广度、没深度。

1.阅读的目的与内容的变化

微博、微信、微门户、微小说等微信息迅速走红，促使浅阅读、微阅读盛行，特别是人们利用零碎的闲暇时间进行的碎片化阅读，弱化了阅读目的。有时阅读可以没有理由，或许只是随手一翻，然后便沉浸其中。纸质阅读的目的侧重于深度，拓展思维空间；数字阅读的目的侧重于全面，遍览天下之事。纸质阅读的内容相对比较单一，数字阅读的内容则过于庞杂。

2.阅读的工具与模式的变化

新媒体时代，各式各样的新媒体终端陆续被家庭用户拥有，过去人们读书、看报的时间现在已经大量转移到网络上。这些事实都说明了新媒体已经被读者、观众和听众所接受，阅读载体从纸质阅读向屏幕阅读转变，与此同时，阅读模式也从线性阅读向超文本阅读转变。另外，阅读的工具与模式也已经发生了很大的转变，纸质阅读多以印刷品为载体，数字阅读则有丰富的终端产品；纸质阅读多采用求精、求细、求质量的阅读模式，数字阅读则更注重求快、求广、求数量的阅读模式。

3.阅读的策略与体验的变化

阅读的目的决定了阅读的策略，既然当前阅读主要是为了获取尽可能大的信息量，人们就必然会选择快速阅读，选择具有明显的快餐式、跳跃性、碎片化特征的浅阅读。这种阅读方便快捷，省时省力，既能够满足读者表面化的、浅层次的阅读需求，又能获得比较愉快的阅读体验。但我们要警惕的是千万不要把浅阅读作为唯一的阅读方式，不要把娱乐化、游戏化、碎片化的阅读体验当成阅读的最终目的，不应对内容追求浅易，不愿做深入思考，浅尝辄止、不求甚解。我们要提倡的是缓读、熟读应读之书，速读、多读应阅之书，做到深浅结合。纸质阅读以定时、定点、定向为策略，数字阅读则以随时、随地、随意为策略；纸质阅读追求的是精神享受，数字阅读则更注重阅读快感。

4.阅读的能力与效率的变化

所谓纸质阅读的流失，深阅读的落败，其实是生存压力挤占了人们的阅读时间等多方面原因造成的，与数字阅读的兴起关系不大，用句流行的话讲，数字阅读可谓"躺着中枪了"。不可否认新媒体的超速发展倒逼着我们不断提高阅读能力，特别是如何选择适合自己阅读的信息内容就尤为重要了，这也是当前我们提高阅读效率的关键。纸质阅读重在理解能力，数字阅读重在分析能力；纸质阅读以深刻理解来换取效率的提高，数字阅读则以博采众长来弥补浅阅读的不足。

三、新媒体时代大众阅读行为的嬗变

（一）新媒体环境下大众阅读行为的选择

当今是新媒体盛行的时代，数字阅读已经成为现代人学习和休闲娱乐的主要方式，随着数字媒体形态的不断创新，数字阅读终端产品的不断升级，以及新型阅读方式的不断涌现，特别是随着新旧媒体的竞争与融合，读者的阅读行为也在悄然改变，大家不仅能品味传统阅读的优雅，同时也能享受数字阅读的便利；不仅能醉心于青灯黄卷的痴迷，同时也能畅游于数字世界的瀚海。多元化的阅读模式带给读者前所未有的阅读体验，多媒体的阅读内容带给读者前所未有的阅读乐趣。

（二）新媒体环境下公共图书馆面临的挑战

新媒体技术的发展和广泛应用使公共图书馆工作遇到了前所未有的冲击和挑战。人们利用 Intenet、Intranet、VPN（Virtual Private Network）、WAP（Wireless Access Protocol）、Wireless Internet、Digital Appliance 等方式，在任何时间、任何地点通过诸如电子邮件、网站、协作系统、虚拟社区等信息交流技术和系统，来方便地检索和利用图书、期刊、图像、音乐等信息内容，这一切使图书馆面临着读者服务方式、资源建设、平台建设等方面的变革。

1.读者服务方式的变革

传统图书馆服务是以服务到馆读者为主要目标，采用的是面对面的单一服务方式。在新媒体环境下，阅读的对象不断扩展，获取信息的途径更加便捷，阅读环境更加开放。阅读文化视角多形态的信息传播和获取方式，使读者不再满足于单一的实体服务，要求服务形式上呈现三维空间效果，使其能置身各种不同形式信息的包围之中，全方位感受和体验服务成果。图书馆的服务方式将完全转变为提供各种信息技术资源和信息服务的中心，这就要求公共图书馆不仅要具有提供馆内文献存取和服务的能力，还要有可以通过网络互联不断扩大电子文献和网上文献的处理和服务的能力，有提供联网的通用软件、各种文献数据库的信息检索、传输和存储等功能服务。

2. 信息资源建设的变革

传统图书馆实行的是以纸质为主的文献资源建设思想，重藏轻用。新媒体环境下，信息的快速增长和存在形态的多样化使图书馆的馆藏资源内涵突破了传统文献资源的范畴，要求图书馆在资源建设上要充分利用纸质文献资源、数字资源和网络资源的优势，逐步融入以数字信息技术为核心的存储格局，要针对读者进行个性化、特色馆藏文献的资源建设，推动和加快开放存取资源（开放存取期刊和机构库）的建设，早日实现全社会的共建共享。

3. 公共平台建设的变革

在图书馆发展的初始阶段，各省市公共图书馆纷纷搭建了属于自己的本地化的系统建设和平台服务。在新媒体发展日新月异的今天，阅读介质的革新必然带动读者群体阅读选择上的革命，这就要求公共图书馆采用统一标准和开放协议提供数字资源的统一检索、馆际互借，传递共享功能，联合虚拟参考咨询功能，积极搭建开放的数字平台，实现公共图书馆服务的全国性联动，使图书馆能够通过各种媒体终端为读者提供服务。

四、新媒体在大众阅读推广中的作用

新媒体的发展速度十分惊人，在我们刚刚熟悉号称"第四媒体"的网络新媒体时，移动新媒体已经作为"第五媒体"悄然挤上新媒体的霸主地位。新媒体已然颠覆了很多传统观念，数字化网络成为人类生活的重要组成部分，甚至成为我们部分功能的延伸，我们已经进入一个全新的新媒体时代。新媒体始终随着时代的变化而变化，并与传统媒体在不断竞争、渗透与融合中共同发展，有效地推动了大众阅读。

（一）新媒体带给读者"即时即速"的阅读感

新媒体可以通过互联网高速传播并实时更新，具备传播速度快、时效性强的特点，而且更新成本低，随时可以加工发布，甚至可以把即时的信息极速地传送给所有受众，这是以往传统媒体很难做到的。与报纸、广播、电视相比，只有新媒体才能做到信息的即时采集、极速发布，甚至在事件发生的同时就能够进行同步传播。而传统媒体却有明确的发布时效和时段，采用定时定量的发布机制，比如电台、电视台都有节目预告，可以安排出一周或者更长时间的节目内容，甚至包括新闻类节目。而新媒体不受印刷、运输、发行等因素的限制，信息上网的瞬间便可同步发给所有用户。正是基于此，新媒体更关注当下，关注新闻事件的第一时间，并可以在随后的跟踪及跟进中不断深入、细化，可以使信息在 24 小时内始终处于更新状态，滚动发布。

（二）新媒体推动大众阅读的"多维多度"发展

新媒体的形态随着数字技术和互联网的高速发展，不仅更新越来越快，且表现形式也越来越丰富，它们或者各司其职，或者协同作战，进行多渠道、多层面、多角度的信息传播。

新媒体技术弥补了传统媒体获取信息的枯燥性、延迟性和单向直线性等方面的不足，使读者能够及时得到全覆盖、全方位、立体式的信息资源。新媒体客户端的多样化也是其多维度特征的表现之一，为我们选择接收信息拓宽了渠道，我们可以坐在家里通过数字电视、电脑网络等纵览天下，可以在交通工具上享受移动电视带来的数字盛宴，也可以随时随地用手机获取个性化的资讯。

第二节 网络媒体在图书馆服务中的应用

目前网络新媒体在图书馆服务中的应用已经普及，图书馆的互联网门户网站和官方微博等迅速发展，但至今对于网络图书馆并无明确定义。我们可以看到数字图书馆、电子图书馆、网络图书馆、在线图书馆、虚拟图书馆、图书馆网站等不同提法，而且人们常常把这些混为一谈。为了便于研究，我们做了简单的梳理，把网络图书馆从数字图书馆、电子图书馆中分离出来。我们认为网络图书馆是借助互联网平台，以建设图书馆门户网站等为主要形式的，融信息资源的建设、管理与服务于一体的在线数字资源接口。网络图书馆可以理解成数字图书馆的网络版，它可以通过互联网为读者提供全方位、个性化的数字信息服务，包括用户管理、阅读引导、信息检索、资源查询等。

网络图书馆的建设必须依托强大的数字资源的支撑，这就要求图书馆以资源建设为核心，围绕馆藏文献数字化做好信息资源的加工、存储、管理和传输，同时加强馆际联合，开展文化资源的共建共享，建设跨库无缝链接与智能检索的知识中心，进而更好地为广大用户提供实时的、便捷的、个性化的信息服务。

一、网络图书馆的服务优势

随着全国文化信息资源共享工程和数字图书馆推广工程的深入推进，图书馆对数字门户网站的建设十分重视，并不断地积极拓展数字资源的开发与利用。网络图书馆的规模在不断扩大，服务也在不断加强，它已经成为昼不关门、夜不闭户的全天候图书馆；成为百问不厌、百答不烦的服务型图书馆；成为开门建馆、惠及大众的全民型图书馆；成为技术先进、功能全面的智能型图书馆。它充分继承了数字技术与互联网的优秀基因，具有与生俱来的服务优势，可以整合不同载体、不同地域的信息资源，可以跨越区域、跨越时空，最终为用户提供方便、快捷、个性化、高效能的信息化服务，并成为大众获取价值信息的精神家园。

（一）资源丰富，形式多样

网络图书馆利用先进的计算机技术及网络技术，积极开发和利用网络信息和数字资源，突破了传统图书馆以纸质文献为主要载体的局限，转向以包括电子文献在内的数字资源为主的格局，成为集各种数字信息于一身的资源中心。

（二）覆盖广泛，惠及全民

根据调查，我国省市级图书馆全部拥有自己的网络图书馆，而地市、区、县级开通网络图书馆的更是数不胜数。它们大多资源完备覆盖广泛，被人们称为"没有围墙的图书馆"。首先，网络图书馆对读者没有条件限制，它面向全体社会成员，为所有人提供信息服务，特别是给那些没有机会到图书馆读书的群体创造了良好的服务平台。与此同时，它还可以为个人、企事业单位及政府部门等提供多样化的、灵活的、有针对性的个性化服务。其次网络图书馆对场地和时间也没有限制，人们对馆藏信息资源的利用不必受时间和地域的局限，摆脱了实体图书馆只能到馆借阅的束缚，可以随时随地享用信息资源：我们可以在图书馆，也可以在办公室；可以在社区文化站，也可以在家里；可以在白天，也可以在深夜。总之只要能够登录到网络图书馆的主页，就可以在任何时间、任何地点享受它的资源信息。网络技术的广泛应用为进一步拓宽图书馆服务范围提供了条件，网络图书馆的服务能够覆盖全国省、市、县、乡镇（街道）、村（社区），充分体现了图书馆的公益性，做到了惠及人民，成为普通百姓加油充电的供给基地和修身养性的精神家园。

（三）开放互联，共建共享

网络图书馆可以实现全方位的开放性服务，因为它具有开放性的建设平台、开放性的整合资源、开放性的管理模式。图书馆文献信息传播的网络化促进了文献信息资源的传播与共享，推动了文献信息资源的社会化，提高了图书馆的服务效能。网络图书馆作为开放的知识与信息服务中心，充分给予了社会中每个成员自由获取知识和信息的权利，为所有用户提供了不受时空限制的网上书目检索、参考咨询、文献提供等服务，从根本上改变了人们获取信息和使用信息的方法，提高了人们的学习效率，并且便于人们随时随地分享、互动。

随着网络技术的发展，特别是"云计算"和"三网融合"技术的开发利用，网络图书馆的服务能力和水平将会进一步提高。同时网络图书馆可以借力文化共享工程，利用文献资源共享信息平台，加强公共数字文化资源生产，打破资源独立的壁垒，实现信息资源和知识资源的智能共享，创造近乎无限的资源空间，提高资源利用效率。网络图书馆的共建共享不仅极大地丰富了公共文化产品服务的内容和形式，提高了文献信息资源的保障能力，更提高了新媒体环境下图书馆数字文化产品的供给与服务能力，形成了一个资源丰富、方便快捷、技术先进，能够满足人民群众基本文化需求的重要阵地。目前，国家图书馆已向黑龙江省图书馆、浙江省图书馆、福建省图书馆、贵州省图书馆、广西壮族自治区图书馆、辽宁省图书馆、广东省立中山图书馆、厦门市图书馆，共8家图书馆开放了总量超过120TB的中外文数字资源，包括100余万册中外文图书、700余种中外文期刊、7万余个教学课件、1万余种图片、18万余份档案全文以及3000余种讲座和地方戏曲等，使读者在当地就可以方便快捷地访问全国各地建设的特色资源。

（四）发挥特色，区域互补

网络图书馆在共建共享的同时瞄准区域特点，重点开展地方特色资源的发掘和整理，实现了对地域性文化资源的传承与利用，为地区地方特色文化和民族特色文化的传承和发展提供了支撑。这不仅避免了因重复建设造成的资源浪费，而且极大地丰富了图书馆的信息容量。所谓馆藏特色资源是各个图书馆具有特色的资源，是各馆经过长期建设积累在某一方面形成一定规模、结构且比较完整的优势文献资源。馆藏特色资源形式各异、内容丰富多彩，能为读者提供多样的视角和具有特色的服务。

二、网络图书馆的发展前景

（一）坚持公益理念，发挥教育功能

网络图书馆作为图书馆的主要组成部分，作为公益性公共文化服务的重要阵地，也必然承担着保存人类文化遗产、提供知识信息、传播先进文化、开展社会教育的重要职能。网络图书馆具有信息资源丰富、覆盖范围广泛、传播速度快等特点，应该积极抢占网络文化阵地，维护和保障广大公众的基本文化权益，突出公益性，在尊重和保护知识产权的前提下提供广域网范围的免费服务。作为资源中心和服务阵地，它不仅要能够提供各种数字信息资源，更应该充分发挥社会教育功能，创设良好的学习环境，成为聚集优秀文化资源的信息宝库，成为开展公众教育的坚实堡垒，成为重组与更新知识的第二课堂，成为分享人类文明成果的精神家园。

（二）加强技术研发，制定标准规范

网络图书馆要加快高新技术在图书馆领域的应用与推广，就要利用"云计算"和"三网融合"技术推动技术研发与标准规范的制定，为公共数字文化建设提供强有力的服务资源保障和技术标准支撑。标准规范的建设尤其是在开放和可以相互操作基础上的标准与规范的建设是数字图书馆建设高效、经济、可持续的根本保证，是数字图书馆能够长期发挥作用的必要条件。忽略数字图书馆标准规范体系建设将会导致资源的重复开发，影响资源的共建共享，限制数字图书馆的作用空间和发展能力。网络图书馆作为数字图书馆的网络平台，要借力数字图书馆推广工程，加强标准规范的制定，统一技术平台标准规范、统一资源建设标准规范、统一资源服务标准规范，坚持共建共享、开放共赢的原则，加强合作共建，联合建设超大规模的资源库群，建设互联共享的知识网络，扩大资源总量形成规模效益，有效扩充网络图书馆的数字资源。

（三）创新服务模式，提高服务效能

网络图书馆应坚持"需求主导、服务为先"的原则，了解群众对公共数字文化的需求，建设丰富适用的数字资源，加强公共数字文化的惠民服务，

创新服务模式，拓展服务渠道，扩大服务功能，丰富服务手段，为广大人民群众提供多层次、多样化、专业化、个性化的数字文化服务，切实保障信息技术环境下公共文化服务的公益性、基本性、均等性、便利性。网络图书馆不是简单地把自己的信息服务推送到网络上，而是要打破被动局面，采取主动的服务方式，以用户信息活动为中心建设立体化的服务网络，为用户提供全方位的交互服务，以精准的智能信息检索服务和一体化的综合信息服务，向用户提供个性化、高效、快捷的服务。

第三节 手机媒体在图书馆服务中的应用

随着互联网与移动通信的结合，造就了一种全新的网络环境——移动互联网。利用移动互联网传播公众信息的新媒体——手机，已成为具有巨大发展空间的信息终端。目前，移动信息服务广泛应用于各个领域，在图书馆中利用手机移动信息平台来扩展服务已成为图书情报界的研究热点。手机图书馆具有便捷性、实时性、互动性和个性化的特点，不仅可以实现网站浏览、借阅服务，而且可以提供文献检索、互动阅读、参考咨询、自助服务等形式丰富的动态服务，成为大众欢迎的"口袋图书馆"。

手机图书馆就是利用移动信息服务技术在图书馆提供无线接入方式的基础上，通过手机、平板电脑等接入网络的移动终端享用数字资源的"移动图书馆"，它是一种新兴的图书馆信息服务，具有手机增值服务和图书馆服务的双重属性，是图书馆信息服务的延伸与补充。手机图书馆将无线通信网络和图书馆系统结合起来，利用高普及率的手机终端延伸拓展了传统的图书馆服务，信息通知、借阅管理、在线阅读等几乎所有的数字图书馆功能都将在手机平台上得以实现，极大地方便了读者，拓展了图书馆的服务范围，提高了图书馆的服务效率。

一、手机图书馆的服务优势

（一）便捷性

手机图书馆能以最方便快捷的方式获得信息与服务。有线网络服务的方式无法随时随地获得图书信息资源，手机图书馆打破了时间、空间和电脑终端设备的限制，用户可以利用短信、登录网站和安装 App 软件等方式随时随地接收或浏览文字、图片、声音等各类信息。手机图书馆的移动性让手机真正成为读者的"随身图书馆"，手机的便携性、随身性让其无所不能、无处不在。在手机图书馆的环境下，借助于人工智能和移动通信环境，读者可以通过手机向馆员提问并获取帮助，读者不必限制在电脑桌前，可以自由自在、随时随地进行不同目的、不同方式的信息获取和帮助，从而提高读者对图书馆资源的利用率。

（二）实时性

手机图书馆服务不受时间、地点、空间的限制，能随时随地提供信息与服务，最大化地利用图书馆的资源，成为读者的"随时图书馆"。图书馆的实体资源服务时间有限，用户在服务时间以外无法获取所需的信息资源，即使全天开放服务的数字化资源也会受外在环境的影响，如 IP 地址、硬件水平的限制等，只能到图书馆或局域网范围内才能获取相应的服务。手机图书馆具有"无处不在、无时不在"的特点，不仅可以让读者在任何时间和地点都可以享受到图书馆资源的服务，还可以让用户充分利用"垃圾时间""碎片时间"来阅读各种信息。极大地提高了图书馆的信息服务能力，使图书馆的服务范围、服务时间不断扩大和延长，满足读者随时随地获取信息的需求，最大限度地实现图书馆的价值。

（三）互动性

手机媒体可以随时随地发出和接收信息，图书馆可以通过手机进行信息传递，包括图书续借、借阅证挂失、问答咨询、书目查询、借阅信息等，这类服务的特点是图书馆与读者之间有互动过程，读者收到短信后随时可以用回复的方式咨询详细业务。读者向图书馆发送请求，图书馆将相应的信息反馈给读者，让读者及时了解相关信息内容，可以做到随时随地交流，方便了图书馆员和读者间的互动。此外，手机用户可以加入图书馆移动信息服务系统。在线阅读时不仅可以做书签、笔记、划词翻译、写书评等，而且可以参与读者社区聊天、在线评论、写博客、网上发帖等。可以说手机扩大了图书馆的影响力，加强了图书馆宣传的渗透力。

二、手机图书馆的服务模式

（一）基于短信的模式

短信简称 SMS，基于短信的服务模式是图书馆利用手机短信的服务平台，为读者提供的主动推送式服务，如读者借阅情况查询、图书预约、图书到期提醒、读者证挂失等。这种服务方式对软硬件的要求较低，只要具有短信收发功能的手机都可使用此业务。

优点：及时、快捷，便于跟踪，能够覆盖较大的用户群体。

缺点：格式简单，文本消息字符长度受限，长消息需要分拆成几个短信发送，对于数据库复杂的信息检索无法实现。

手机短信作为最基本的手机图书馆服务实现模式，由于其技术含量相对较低容易实现，我国的手机图书馆几乎都实现了手机短信服务。

（二）基于WAP网站的模式

WAP（Wireless Application Protocol）即无线应用协议，是一项开放的、通用的、全球性的网络通信协议。手机WAP上网已经成为移动用户常用的功能之一，因其不受时间、空间的限制非常方便。读者通过具有上网功能的手机可以脱离计算机随时随地访问手机图书馆网站，从而方便地进行文献检索、个人信息查询、借阅信息查询、图书到期或逾期信息查询、图书预约或续借手续办理等，同时还可以访问图书馆电子资源、点播视频节目、在线阅读、在线咨询、定制个性化互动服务，甚至数据库资源下载等功能，实现与图书馆自动化和数字化系统的交互操作。

优点：与手机短信功能相比，手机图书馆使用方便，与使用互联网一样快捷；具有将通知、查询、阅读三种服务方式于同一平台上完成的优势，提升了手机服务的功能，满足了读者手机阅读的需要。

缺点：受限于WAP模式，其网络访问带宽与数据传输速率较小，导致服务效果有时不稳定。

（三）基于客户端软件的模式

基于客户端的实现模式是图书馆为读者提供的个性化软件服务。读者在使用时需下载软件到手机上，再进行功能操作。手机客户端是一种G/S模式，比WAP的B/S模式更方便快捷，采用的是J2ME技术。

优点：J2ME客户端开发更具灵活性，功能更丰富，操作更方便快捷，可以实现最佳的读者体验、最精美的用户界面、最从容的交互方式，可以有效地减少网络流量，同时还可以为上网的手机提供丰富的图像、视频等多媒体内容。

缺点：操作系统各异，配置参差不齐，各种多媒体文件格式不兼容，图书馆以现有的技术能力开发手机客户端软件难度相当大，多平台移植与维护成本更新代价高。

三、手机图书馆的服务功能

（一）借阅、查询服务

图书查询检索功能和原来数字化检索功能基本一致，读者通过手机上网登录图书馆自助服务网站，点击相应菜单，通过任意词匹配检索，用高级检索和简单检索两种进行书目、文献查询，查询所需图书的具体状态、在库信息。不仅如此，用户还可以检索到联盟共享图书资源信息，使得数字图书信息的利用率最大化，能快速查找到所需信息。

（二）通知、提醒服务

通知提醒服务是手机在图书馆服务应用内容中最基础的部分，当读者所借图书或者读者证快到期时，图书馆通过手机为读者提供图书到期催还提醒服务。读者登录个人信息界面就可以进入借阅信息、续借、借阅证件挂失、预约信息、超期欠款、我的书库以及系统推荐资源等功能。当读者所借图书或者读者证快到期时，图书馆通过短信方式向已在图书馆网络平台绑定的手机号码发出到期提醒短信，提醒读者还书或者延期读者证。提醒服务使读者不用时刻惦记着书籍的借阅状态，不用怕超期被罚款。

（三）新书推荐、信息发布服务

图书馆可以定期更新 WAP 网站上的新书目录、活动精选、书摘书评、新闻公告及讲座信息等，也可以通过 App 软件把这些信息推送到用户桌面，还可以用短信、微信的方式发送给读者。为读者提供更多、更快的信息服务，使读者能及时了解馆藏新书和各种活动动态，这样就大大拉近了图书馆与读者的距离，增强了两者之间的互动性。

（四）咨询服务

通过手机 WAP 网站和定制的 App 软件，图书馆可以在读者和图书馆员之间建立一个虚拟的"面对面"的交流平台，可使双方进行随时互动交流，同时建立知识累积库，通过智能语义分析为读者提供自助服务，简化图书馆员的咨询工作。

（五）个性化定制服务

手机图书馆将无线通信网络与数字图书馆系统结合起来，在方便用户、提高服务效率的同时也为读者提供个性化服务。个性化服务是图书馆根据读者的兴趣、爱好、需求等开展的一种服务，也是图书馆信息服务向纵深发展的一种体现。目前手机图书馆个性化服务主要有短信定制和信息资源查询定制。读者通过登录图书馆移动服务网站，根据自己的兴趣和需求定制信息与服务。具体来说，就是读者将自己所要咨询的问题以短信的方式发送至手机图书馆咨询中心，图书馆工作人员通过手机短信或 WAP 平台针对读者的问题进行解答，以最快的速度将这些信息传递给读者，以满足图书馆用户的个性化需求。

四、手机图书馆的发展策略

随着移动通信技术的进步和三网融合的不断深化，特别是 4G 网络的铺开促进了手机图书馆的建设与服务快速发展。4G 通信技术不仅有利于开发图书馆丰富的馆藏信息资源，而且有利于提升图书馆服务的质量和效能，可以为用户提供更高质量的多媒体服务、量身定做的个性化服务，从而满足读者的阅读需求。

（一）完善手机图书馆服务内容

当前，手机在图书馆的应用只是将成熟的移动通信技术应用到图书馆服务中来，把图书馆自动化系统的 WEB 模块功能从 PC 机转移到手机上，这就造成手机图书馆能够提供的服务内容不可能太深入，服务内容较为单一。目前大部分图书馆的手机服务只是单向的短信提醒、信息公告，或者只停留在读者预约、续借、书目查询等文献借阅的最基础的浅层次服务上，为读者提供的数据库交互检索、咨询交流等内容相对较少。此外，许多图书馆并未将电子图书、期刊、专业数据库全文服务延伸到移动终端设备，有些图书馆虽然实现了文献信息资源的在线阅读和下载，但其提供的文献信息资源在数量和范围上与读者的需求还有很大差距。如国家图书馆的"掌上国图"手机阅读服务，仅提供 30 余种报纸和千余种图书的在线阅读和下载，数字化全文服务尚未真正普及。

读者对图书馆的要求是希望通过手机界面便捷地获取阅读的多样化服务。因此，图书馆应该考虑更多的内容提供方式，与资源供应商深度合作，推出适合手机图书馆的信息内容和服务项目，才能实现图书馆应用手机服务的真正价值。

（二）加强整合图书馆信息资源

目前，图书馆的文献数字信息资源丰富，但这些资源的检索查询方式、数据格式和界面不同，加之手机的操作系统各异、兼容性较差，读者每看一个数据库都要重新登录，通过一个界面无法浏览所有的数据库。这就要求图书馆要充分考虑到用户利用信息服务的便利性，对信息资源进行深度加工，加强整合图书馆的数字信息资源，建立标准化的数据库，实现信息资源、信息技术、信息内容的集成。提供统一的检索平台和信息服务体系，形成统一的 WAP 界面，使读者能够利用同一检索入口对信息资源进行同步检索，方便快捷地查询所需要的资料。

（三）建立资源与服务的共建共享平台

要解决技术、资源、经费、推广等方面的问题，建立一个优质的手机阅读平台，盘活图书馆馆藏文献，避免资源的重复建设，不仅需要依托互联网技术，同时也需要各图书馆之间的合作，建立资源与服务的共建共享，从而弥补单个图书馆资源与服务的不足，提高图书馆的服务水平以及公共服务价值。

数字图书馆推广工程将建设分布式公共文化资源库群，搭建以各级数字图书馆为节点的数字图书馆虚拟网；建设优秀中华文化集中展示平台、开放式信息服务平台和国际文化交流平台，打造基于新媒体的公共文化服务新业态，最终实现数字图书馆的服务惠及全民，切实保障公共文化服务的公益性、基本性、均等性、便利性，最大限度地发挥数字图书馆在文化建设中引导社会、教育人民和推动发展的功能。

国家数字图书馆基于新媒体服务资源建设的重点是开展基于手机、数字电视、网络电视等新媒体服务的资源建设，拓展国家图书馆服务阵地，开展跨行业合作。推广工程将在国家数字图书馆资源成果基础上加强全国各级图书馆的资源共享推广与合作共建，在全国范围内形成有效的数字资源保障体系，从而使图书馆的手机服务实现最大化的资源共享。

第四节 数字电视在图书馆服务中的应用

数字电视图书馆是图书馆为读者（用户）提供到馆服务、互联网服务、手机服务以外的又一种新型服务载体，是现代图书馆延伸服务的新模式；是图书馆为读者提供多元化服务的新载体，是保障公共文化服务公益性、基本性、均等性、便利性的有效举措，是现代图书馆实现自身进一步发展的新手段。

数字电视（Digital TV）又称数位电视或数码电视，是指从演播室到发射、传输、接收的所有环节都是使用数字电视信号，或对该系统所有的信号传播都是通过由 0、1 数字串所构成的二进制数字流来传播的电视类型。数字电视是一个从节目采集、节目制作、节目传输到用户端都以数字方式处理信号的端到端的系统。

数字电视图书馆是利用数字电视的交互功能，开发相应的接口，将数字图书馆与数字电视连接起来，结合数字电视传播技术和数字信息技术，以专业服务频道的形式把图书馆的资源和服务主动提供给用户，让观众能以新的方式观看和利用电视节目内容，可享受到丰富的数字化图书馆服务。目前图书馆主要通过交互式数字电视、IPTV 和互联网电视三种业务形式进行数字电视业务的拓展。它借助数字电视网络把图书馆搬进千家万户，通过数字电视这一载体，使读者（用户）能够随时随地阅读、观看图书馆提供的相关信息、资源，成为用户按需索取的图书馆，成为通过电视荧屏就能免费享受图书馆提供的文献信息等服务的名副其实的家庭图书馆。数字电视图书馆将丰富的馆藏资源同先进的传输手段结合，充分利用电视网络资源为用户提供 OPAC（Online Public Access Catalogue，联机公共目录查询系统）查询、图书预约续借、看展览、听讲座、接受远程教育、进行参考咨询与互动等服务，实现图书馆的功能拓展和服务延伸，进而为用户带来不一样的阅读体验，最大限度地满足人民群众的精神文化需求。

一、数字电视图书馆的服务特点

（一）广泛性

数字电视图书馆把图书馆的馆藏资源通过视频、音频、文字、图片等多种内容形式呈现给用户，可看、可听、可读，将不熟悉或不习惯使用计算机、手机的用户通过电视这个大众平台纳入图书馆的用户范围内，扩大了数字文化服务的人群覆盖面。所有数字电视用户可以随时享用图书馆的服务，不仅可以看公益文化视频节目，还可以读书看报、浏览图文信息等资源，并通过交互技术体验图书馆的特色功能，从而提供全方位的阅读服务，使图书馆融入广大用户的生活中，满足不同用户的需求。

（二）跨时空性

数字电视具备时移（回放）功能，在收看电视节目过程中可随时暂停、快进、后退，从而使数字电视图书馆能够突破传统媒体受困于时间、空间的限制，不受传统图书馆馆内服务的约束。为丰富群众业余生活提供了新途径，使得读者足不出户就能享受图书馆的各种优质资源，享受数字电视图书馆带来的高效便捷服务，为社会发展和人民生活质量提高提供了知识和智力保障。

（三）交互性

数字电视提供的最重要的服务就是视频点播（VOD）。VOD是一种全新的电视收视方式，它不像传统电视那样用户只能被动地收看电视台播放的节目，它为用户提供了更大的自由度、更多的选择权，具有更强的交互能力，传用户之所需、播用户之所点，有效地提高了节目的参与性、互动性。随着"三网融合"的不断推进，电视图书馆将成为巨大的交互式多媒体平台，用户不仅可以自由操控电视的各项智能功能，还可以收藏自己喜欢的栏目，可以对视频节目、书刊内容进行评论、分享，用户互动交流等成为信息传播和普及的重要渠道。以"国图空间"为例，它是国家图书馆与北京歌华有线电视合作开通的世界上第一个由图书馆制作的专业电视频道。该频道采用双向信息传输技术，增加了交互能力，将传统的单向传播方式转变为双向交互式传播，使数字电视图书馆成为能方便快捷地交流信息的互动平台。

（四）可控性

与良莠不齐的网络资源不同，数字电视图书馆的内容具有可控性。数字电视内容是经过编辑、整理并由国家新闻出版广电总局授权的数字电视运营商严格审核后才允许发布的。电视阅读内容条理清晰、健康、安全，便于查找，不会淹没在海量信息之中。此外由于有线电视网络是一网专用，不易受到黑客攻击，版权保护容易实现，不易盗版侵权，为数字出版提供了安全保证。

（五）专题性

数字电视图书馆以图书馆为依托，可以充分发挥图书馆的资源优势，注重开发多样化资源，策划多种类型的选题，运用图书馆学、情报学、信息管理学的专业手段整合图书馆馆域网内外资源，对各个专题进行策划、加工、制作、揭示，通过专业化的信息处理改变一般数字图书馆只是将物理馆的内容移植到网络上的局限，打造多元文化形态的综合性信息服务平台。通过数字电视图书馆可以将特定的信息向特定的用户群进行定时或滚动发布，从而提高了图书馆服务的针对性和有效性。

二、数字电视图书馆的服务功能

图书馆通过数字电视平台走入家庭，不断研发具有图书馆特色的电视服务功能，不仅可以提供查阅图书馆馆藏书目、办理图书续借手续、浏览图书和期刊等功能，而且可以通过开展专业频道播出、视频点播、参考咨询等服务项目，为用户提供更开放、更灵活的图书馆服务内容，提升图书馆的文化传播能力，丰富人民群众的文化生活。数字电视图书馆的发展使图书馆的信息服务得到了进一步的深化，从而提升了数字图书馆的服务水平。利用数字电视这个新平台，图书馆可以实现下述四个方面的服务：

（一）导航服务

导航服务是数字电视图书馆的窗口服务，它利用数字电视图文并茂地介绍图书馆的一些基本情况，如图书馆的历史沿革、馆藏情况、新书通报、服务对象、借阅制度、图书馆各种活动的新闻公告等，并根据馆藏特色利用数字电视指导读者如何利用图书馆的资源，怎样进行文献、信息的检索查询等。

（二）视频播放服务

在数字电视图书馆系统中，视频播放可以让用户通过电视终端及时收看图书馆举行的各种专业讲座、学术报告以及各种用户培训、辅导讲座等视频影像，适时为用户提供符合当前形势的视频节目播放服务。此外，图书馆馆藏光盘资源可以统一以光盘塔的形式对外服务，为用户提供光盘点播服务，满足用户自学的需求。这样既可以避免光盘被损坏，又可以提高光盘的使用率。

（三）预览预约服务

随着数字电视图书馆的进一步发展和完善，用户不仅可以预览图书馆馆藏电子图书，还可以利用电视终端查询图书馆的馆藏书目和自己的借阅信息，进行自助式的图书预约和续借。

（四）专题服务

根据用户的信息需求，图书馆可确定视频资源收集范围和专题内容，在对信息资源进行分类、整理、序化的基础上，制作成针对性和实用性较强的专题视频信息，并通过数字电视快捷地提供给用户。

三、数字电视图书馆的发展方向

（一）制定规范，全面推广

目前，人们已经认识到利用现有的电视网络将图书馆服务推送到家庭是一种最经济、最高效的服务模式。为引导全民阅读的多元化发展，我国多家图书馆都已开展了基于交互电视的数字信息服务，数字电视图书馆已经成为图书馆开展无边界图书馆服务的重要延伸方向。

数字电视图书馆的快速发展，开创了以数字电视为媒介，以家庭数字图书馆为主体的服务模式，有效地促进了数字图书馆服务新业态的形成。"数字图书馆推广工程"在下一阶段将着力加强数字电视图书馆服务相关标准规范的研制，进一步完善项目体系建设。借助各地图书馆特色馆藏优势优化资源加工流程，加大资源加工力度，逐步形成以特色服务为主体，以资源共建、共享为基础，覆盖全国的"家庭数字图书馆"文化服务体系，为提升我国公共数字文化水平发挥积极作用。

（二）发挥优势，拓展功能

数字电视具有普及率高、操作简单，传输信号稳定、画面呈现清晰，节目容量大、服务范围广，可交互操作、符合个性化要求等特点，在家庭文化娱乐和文化传播方面拥有巨大的影响力和不可替代性。数字电视图书馆继承了数字电视的这些优点，同时又具有图书馆的资源优势，二者完美结合必将实现阅读领域的一次飞跃。把图书馆服务"搬进读者家"，实现了读者"坐享其成"的梦想，为读者省去从家到图书馆的奔波劳顿，这将在很大程度上改变人们传统的阅读习惯。电视图书馆走入家庭，结合虚拟图书馆服务，使读者建立家庭电视图书馆的愿望成为可能。家庭电视图书馆将数字资源和虚拟现实技术相结合，改变了人们被动接受或机械点播的现状，能够为读者提供主动选择方式，为读者提供"全息服务"，提供更为广泛的个性化服务。

（三）三网互联，高度融合

目前电信网、广播电视网、互联网在向宽带通信网、数字电视网和新生代互联网演进的过程中，其技术功能逐渐趋于一致，业务范围趋于相同，实现三网融合，网络互联互通，资源共建共享已成共识。图书馆应该构建以三网融合为基础的数字图书馆建设框架，将网站平台、智能移动终端平台与数字电视平台整合。不仅是资源的整合，更重要的是服务的整合，来共同构筑图书馆的立体网络服务体系，为用户提供不受地域限制、不受时间限制、不受访问工具限制的服务，提高图书馆的个性化服务水平。以杭州数字图书馆为例，市民可以通过网络、电视、手机三大信息平台来登录杭州数字图书馆，当然这三种访问方式也会各有侧重。网络的定位是各层次市民，主要为用户提供书目查询、预约续借等个人图书馆服务，馆内活动信息、国内外文化资讯查询服务，以及为涵盖多学科的数据库资源服务，是集中体现现代图书馆文献收藏、文化传播、社会教育和信息服务等功能的重要综合性平台；电视主要面向在家的中老年观众和周末休息人群，提供书目查询、预约续借、新书推荐、活动信息预告以及大量的数字杂志阅读服务；手机则针对上班一族和年轻人，除提供个人图书馆服务外，还有近三千种大众期刊可以在线阅读。这样全时空的数字信息服务模式打破了传统图书馆馆内服务的限制，充分发挥了数字图书馆超越时空限制的优势，使杭州数字图书馆成为杭州市民生活的"第三空间"，真正嵌入了市民生活。

第五章 图书馆创新服务与创新管理

第一节 创新服务与创新管理

图书馆的职能是收集、整理、保存及提供文献资料，每个时期信息的收集、整理、保存及提供其信息的载体都因科技的发展而有所不同。无论社会信息化程度是高是低，其职能本质并没有发生变化，现代社会是高度发达的信息社会，网络的便捷和移动终端的便利使用户获取信息的渠道更加多元化，社会工作节奏紧张，人们也没有大量的时间专门到图书馆检索资料，更多的是利用网络和移动终端进行资料的收集与阅读活动。面对用户的信息化需求，许多信息服务企业如雨后春笋般纷纷出现，这些企业大多人员少、机构精简、高度关注读者需求并随时调整服务重心，是图书馆工作和服务的有力竞争者。在这种挑战下，图书馆如何能在收集信息、宣传服务与资源、推出个性化服务方面不断创新，吸引读者的注意力，在留住既有读者的同时开发潜在读者，使图书馆在网络时代成功转型，使图书馆的服务不但不会消失，反而会随着创新服务的开展越发显得重要，这是图书馆应重视的课题。

一、组织创新基本概念

创新是一种运用新的、有用的相关知识或关键信息创造或引导出有用东西的过程。创新包含了新概念的发生和推行，到可成为新产品、新过程或新服务的阶段，并借此促使国家经济增长、就业增加，帮助创新的企业主体获得利润。在全球经济竞争下，就企业主体、国家而言，创新能力是使其得以适应新发展形势及掌握新机会的决定性因子，企业追求创新的首要动力是利润的保证，另外还在于提高工作效率、提高员工服务水平。创新能力就是突破既定模式，克服大范围的社会、文化障碍，引进新事物，改善产品、程序或劳务的新想法。

组织创新的定义因重点不同而有不同的观点，从产品观点定义"组织创新"是指通过组织生产或设计新的产品可以获取用户的喜爱或成功上市。基本上，这类学者十分重视具体的"产品"，可以说是以"结果"来论断。

我们从产品及生产过程来简单讨论"组织创新"。以公司开发产品为例，产品从设计到面世大体经过以下几个阶段：

第一，产品市场调研，一个产品的提出必须经过充分的市场调研，了解客户需求并整理后，结合公司实际情况提出设计方案；

第二，产品设计，经过市场调研后，按照客户需求对产品的属性进行定位，对产品进行全方位规划；

第三，产品创新功能部门协调，简单讲就是产品生产过程中的各部门配合与协作，经过全员努力初步完成产品样品；

第四，公司资源、结构、策略的配合，在产品面世过程中，协调力的作用是不可忽视的，公司资源是否倾斜、部门结构是否合理、产品市场策略是否科学都需要进行协调，把控产品沿着正确预期向前推进。在实际生产过程中，按照市场需求，不可避免要涉及新特性等新的概念，把需求转换为产品新属性、新服务和新科技，这是产品及生产过程所需达到的最终目的。

近年来，一些学者对"组织创新"进行更加多元、深入的研究，他们认为过去"组织创新"大多着重强调产品的生产工艺创新、产品技术创新和企业部门调整等层面，并没有深入内部系统，对政策制定、管理实施以及监管等工作理解不够。他们认为，应当以更全面和系统的观点剖析组织整体，不仅仅是产品规划、生产、更新、推广、售后等方面，更应当把"管理创新"和"制度创新"融入其中，这其中包括在组织的系统、架构、政策、方案、市场以及服务等流程全面展现出来。

组织气候的意义是指个人对环境整体的知觉而形成的认知架构，"组织创新气候"只是在"组织气候"的概念上，强调个人对组织内创新的整体知觉而已。许多组织气候研究仅针对特定的气候，因此有许多不同的气候出现，而组织创新气候便是其中的一种，指组织员工身处的工作环境，其激励创新程度越高、可运用的资源越多、创新的管理技能越好，并鼓励组织中创新的行为，则该组织创新程度就越高。

"组织创新"除了受到组织结构的影响外，组织成员身处的工作环境也是影响"组织创新"的重要因素。"组织气候"是指成员间对工作环境所共有的知觉与描述，是该环境中所有个体心理气候的平均数。与组织创新相关联的三大分析要素分别是激励创新的方式、工作领域中的资源以及创新性的管理技能。激励创新的方式指组织面对创新时由高阶层人员设定公司基本定向，中阶层人员负责将基本定向加以传播及解释。激励创新的方式包括组织鼓励员工创新、主管鼓励部属创新、支持探索新创意等；工作领域中的资源指组织提供充裕资源以协助完成工作任务，这些资源包括具备落实创新的知识、熟悉相关市场、工作领域相关经验、资金、物质资源、生产系统、研究市场、相关信息、员工培训等，这些资源是分布在企业组织中的财务、生产、人事、研发等多个部门；创新性的管理技能指组织及部门中有助于组织创新的管理技能，这些管理技能包括适当平衡自由及限制、设定目标、参与及合作管理、配合技能及兴趣的工作分派、开放的沟通方式、支持的工作反馈、公平酬赏及肯定创意努力及成果、决策分工、非正式的管理结构、任用专业经理人员、平权化系统、创造解决文化、避免内部竞争及威胁性评价、去除过度的时间压力、鼓励群体或部门间的合作等。组织成员身处的工作环境激励创新程度越高、可运用的资源越多、创新的管理技能越好，则"组织创新"程度越高。

二、图书馆创新管理

（一）创新管理的原则

组织成员具备良好的创新能力，组织内部形成良好的创新气候，另有完善的管理机制才能使创新构想顺利推展，并实现目标。

在目前这个信息爆炸的互联网时代，科技日新月异，信息技术、通信技术等迅速发展，国际社会不断碰撞变革，即使经济、技术和军事力量发达的国家也不可能在各个领域都面面俱到引领潮流。而作为一个企业、一个单位甚至是一家图书馆，只有紧盯社会发展变化，紧跟时代步伐，创新管理形式和内容，才能够在这个变化迅速的社会中寻求到立足之地。创新管理就是领导者或管理者根据目前组织所处的环境，经与组织成员协调沟通后进行的技术、内容形式、方式方法的更新。这不仅能够帮助组织突破现状向前发展，更能够激发成员的个人积极能动性，适应变化、主动变化、引领变化，形成一套全新的组织文化，并将这种主动的更新变革不断向前延续。创新管理有很多特征，主要包括：第一，环境为先，也就是说创新管理的源头是因为环境发生了变化，既然环境变化了，管理制度自然而然也就要跟上节奏发生变化；第二，全员参与，管理的对象是人，工厂里的工人、餐厅的厨师和服务员、学校的老师和学生、图书馆的馆员等都是管理对象，是管理不可或缺的一部分，是创新管理的实践载体；第三，更新突破，既然是创新，那就不可避免要更新自身、突破现状、改变现状，这是一个蜕变的过程；第四，持续发展，创新管理的目的是发展，通过自身变革不断适应新形势新环境，以求在多变的社会竞争中立于不败之地。总而言之，创新管理的压力来自外部环境，创新管理的决策来自管理者，创新管理的动力来自全员参与，创新管理的目的在于跟上时代节奏持续发展。

创新管理实施时，有几项基本原则是必须掌握的：

第一是勇于突破原则。组织内部从上到下都应摒除保守、被动的心态，改变传统的作业模式，勇于尝试新的服务方式，追求业务的改善。上级主管应鼓励员工发展创新思维，并在实际运行过程中努力实践。

第二是全面参与原则。除了上级主管的支持外，内部部门及所有员工积极配合才能成功推动创新服务。

第三是沟通协调原则。创新方案提出后可能需要经费及人力支持，也有可能要在工作程序上有所调整，这些都需要与上级主管、部门及全部员工良好沟通，推动创新方案落地。

第四是激励支持原则。主管对员工的鼓励与支持是员工提出创新构想的重要激励，主管应给予人力、物力及经费的支持，协调部门之间的合作，使创新构想得以推进并落实。

第五是组织学习原则。创新方案的推行是组织学习的过程，无论是研究创新服务的方式、设计服务的机制或是进行可行性评估、市场调查、效益评估都可让参与者获得宝贵经验。

第六是经济效益原则。创新服务措施必须考虑成本效益，不仅是商业机构，政府机关、图书馆也要考虑组织需投入的人力、物力及财力以及利润大小和顾客多少。以图书馆为例，推出创新服务后受惠的读者有多少、与投入的资源是否成比例等都要做好前期调研。

（二）创新产品及服务的开发流程

不同时代背景的新产品开发过程可反映出不同的经营环境及其适用的情境，新产品开发程序包括：产生创意、筛选创意、发展与测试概念、营销策略、商业分析、产品发展、市场试销与商品化八个阶段。从市场拉力的观点来看，可将新产品开发程序分为五个步骤：

第一步，创意的产生与筛选。运用内部机制，如品质圈进行创意产品开发。

第二步，商业分析。进一步进行市场分析或社区调查，以了解可行性。

第三步，设计与量产。确定推出的新产品或服务后着手进行流程的设计。

第四步，产品试销。可收集销售过程中出现的问题并加以改善。

第五步，商品化。正式将改良后的新产品或服务推出或上市。

综合言之，对市场需求、顾客行为的了解与及时反映是新产品成功开发不可或缺的重要因素。市场导向是指结合公司整体的力量，由各部门共同合作进行市场情报的收集、跨部门散布，并根据市场情报来设计、执行方案。

图书馆是一个不断成长的有机体，面对社会的快速变迁，读者需求越来越个性化，如何提升图书馆在现今社会的存在价值持续令读者满意，有赖于图书馆人改变传统服务观念及做法，不断推陈出新，适应社会环境变迁并依读者需求运用新科技、新媒体提供创新服务和便捷、丰富的资源，使图书馆的存在价值得到肯定并维持进步、专业的形象。

1.图书馆领导人的创新观念

一个组织的领导人是非常重要的，他的思想思维、行为活动都代表着这个组织的形象，关乎着这个组织的命运前途。以初创公司领导人为例，他起到领袖作用，是部门人员和业务的核心关键，同时也是企业的灵魂所在，对企业存亡起到决定性作用。图书馆领导人虽没有初创公司领导人作用那么直接，但是他的观念、能力、眼光、决策、组织等能力也对图书馆的发展起到举足轻重的作用。我们认为，图书馆领导人需要敏锐的意识、超前的眼光、高瞻远瞩的决策力和力排众议的担当。他既要站在组织内部协调人力、物力和财力，也要善于退出外围"认识庐山真面目"；要善于思考和结合实际，对图书馆的发展有前瞻性的规划，并能组织和激励馆员为之努力前行；勇于否定和批判，对"老制度老规定"进行审视并改变，带领员工摒弃保守心态脱离被动局面；勤于创新和改变，紧盯时代变化，时刻思考改善，不断提出图书馆未来发展的创新构想，开创全新的服务和理念，满足读者需求和推进图书馆持续向前发展……诚然，图书馆的发展需要各种规章制度，更需要有人不断来推进执行和跟踪反馈，站在更高的方位，从不同的角度，促使图书馆的业务、活动、服务、理念等融合，凝聚员工向心力，使之成为有机统一整体，向着既定目标前进。

2. 图书馆鼓励创新的机制

崇尚敢于冒险、向往成功，鼓励创新、宽容失败是创新管理机制的基因。支持和鼓励馆员参与图书馆创新建设，支持和鼓励馆员走到社会上兼职创新，支持和鼓励馆员设置创新型岗位。成功的创新产品或服务须有良好的管理机制，失败的创新构想也是很好的学习经验，不断评估、改善缺失才能得到读者持续的支持。

3. 鼓励馆员创新的组织文化

图书馆的产品是为读者提供服务和知识，其经济价值和社会价值体现在读者运用这些知识的程度，因此图书馆文化创新的立足点是图书馆管理创新和服务创新。通过管理创新和服务创新使图书馆的组织机构向扁平化、网络化发展，积极能动地培养和提高馆员的业务水平和读者的信息利用能力，通过高素质的馆员向社会提供高水平和高质量的服务，通过提高读者对信息的利用能力提高图书馆信息服务的经济价值和社会价值。

图书馆除了建立创新机制、安排教育培训外，还应鼓励和支持馆员成立品质圈、工作坊、兴趣小组，通过讨论提高业务水平，或通过脑力激荡规划设计创新服务。

4. 树立图书馆新形象

随着信息社会的日益发展，越来越多的商业机构参与到信息服务行业中。图书馆要保持自身优势，一要靠自己的专业特色、人员优势，高效、快速、准确地为读者提供服务；二要不断创新，更新现有技术，革新现有服务，树立新形象，提供与其他商务性信息服务机构不同的资源，创造附加价值更高的产品和服务，保持自身的领先地位和个性优势，避免在高度竞争的环境中被淘汰。

5.创新产品和服务的持续追踪及评估

对于创新产品或服务，在正式实施到稳定成长之间，仍可能有问题是规划及使用未注意到的，所以应持续了解运行情况，检讨缺失、提升绩效，进一步改善运行效果使其更加理想。

第二节 图书馆创新营销管理

图书馆的商品是馆藏和馆藏延伸的各种读者服务，如何通过图书馆营销规划不断提高读者的利用热情是值得图书馆界思考的重要课题。目前，探讨图书馆营销管理的文献不少，但总体上理论探讨多，实际应用少。国内正式实施营销策略的图书馆为数较少，且其中大部分都把重点放在推广活动，以为运用媒体促销或举办各种推广活动就是营销，馆员缺乏营销常识，对读者的期望和需求缺乏科学化数据。营销应依目标读者群的需求提供服务并采用最适当的途径传递与提供，通过积极宣传让目标读者群都知道这项服务，且有利用的动机。如果只是努力想办法将读者吸引到图书馆来，但是对图书馆的馆藏及服务是否符合读者需求缺乏客观的评估，也缺乏完善的经营策略、品质制度和创新策略维持和提升服务质量，如何能维系读者？

创新工作开展效果好的图书馆与普通图书馆之间最明显的差异在于营销的质量不同，可见营销管理是图书馆管理不可缺少的重要一环。今天，图书馆营销管理已经形成图书馆界的普遍共识，越来越多的图书馆把营销规划纳入自己的策略规划或实施计划中，但如何提高营销质量使营销管理适应不断变化的环境，更好地为图书馆的策略目标服务，仍是一项需要深入研究和思考的重要课题。

一、图书馆营销理念

（一）营销的定义

营销是调研和掌握顾客需求，并提出能符合顾客需求的解决方案的艺术及科学，它是一种社会性和管理性的过程，个人与群体可经由此过程创造并交换产品与价值以满足其需要与欲望。营销规划程序包括四个步骤：分析市场机会、拟定营销策略、规划营销方案并具体地制定营销组合（即所谓的4P：产品、价格、渠道与推广）、组织执行与控制。

营销是以使用者需求为出发点，运用一定的方法使产品或服务转移到用户手中，从而获得效益的活动的总和。从以市场为导向的 4P 理论（产品、价格、渠道和推广）到以使用者需求为导向的 4C 理论（使用者、成本、方便和沟通），再到最新的强调互动性与双赢的 4R 理论（关联、反应、关系、回报），营销管理逐渐向重视以人为本的柔性管理、重视顾客关系管理的关系营销和重视系统组合的整合性营销方向发展。营销不再是企业的专利，越来越多的政府机构、教育科研机构以及非营利的社会服务机构也采用营销管理提高知名度，推广产品和服务。

有的人认为"营销"是公共关系及广告，或认为是努力将产品"推销"出去，甚至是让顾客（使用者）购买（使用）他们不想要或不需要的物品（服务）。殊不知，如果只是运用关系或花很多钱在媒体上打广告，采用赠品、折扣、优惠方式强力促销，而没有进行顾客需求分析、市场调查，也没有策划产品的定位及服务特色，即使在初期吸引大量的顾客购买，可对于不符合需求或毫无特色的产品，顾客只会上一次当，往后不会再有购买的欲望。因此，营销涵盖了下列的概念：

1. 营销必须先分析使用者（读者）的需求

营销是以个人及焦点团体的调查、访问收集信息为基础，利用现有资料包括已发行的统计资料，调研顾客需求并设计产品和提供服务。

2. 营销是将潜在的市场分割为较小的次市场

营销是依顾客需求设计产品并提供服务，所以必须先了解市场，做好市场分割才能针对目标顾客群积极营销。对图书馆而言，在调研读者需求并制定营销策略时，宜分别就特殊读者、儿童、老人、种族团体、没有阅读习惯的人等不同读者群加以区分进行规划。甚至在儿童读者群部分，再分为婴幼儿及小学低、中、高年级学童等读者群。

3. 服务符合读者需求

营销除让读者知道图书馆所提供的服务及产品外，所提供的服务还必须符合读者需求。设计创新服务项目不能只是求新鲜，还须实地调研读者需求，而且还应不断跟踪现有服务及服务措施是否符合需要，当读者需求发生变化时服务应随之调整。

4.发展及实施营销计划

营销应有完整的实施计划并分步实施。图书馆做市场调查、分析读者需求并决定最优服务措施后，应选择适合的渠道及宣传方式让目标读者群尽可能详细地了解到图书馆的服务。

5.评估效能

产品或服务推出后要定期评估顾客对产品的接受度及满意度并依评估结果加以改善。

（二）图书馆营销的必要性与重要性

网络及新媒体的快速发展让信息获取更加便捷高效，图书馆不再是唯一的信息提供者，网络商及数据商同样提供了查询及检索服务，那么图书馆的优势应该从哪些方面体现出来，又可以提供哪些个性化服务吸引读者到馆，这是一个值得深思的问题。

图书馆通常有较网络资源更好的资源，可以为读者提供个性化指导和服务，但是社会上很多用户对这些服务并不清楚，图书馆对自身提供的服务是否符合读者需求，是否被读者认可也存有疑问，究竟何种类型的资源及服务是读者真正需要的，营销能帮助图书馆获得这些问题的答案。营销让图书馆成为社会重要的信息资源，成为读者检索信息的重要机构，而且能帮助读者了解图书馆提供的服务，所以营销可以确立良好的读者联系并有助于图书馆建立与媒体、企业、地方政府及组织的良性关系。

1.社会发展及图书馆专业特性推动图书馆开展营销活动

图书馆学是一门不断发展的学科，图书馆服务更受到信息科技发展的影响，不断创新文献整理、信息存储及传送方式，读者的需求随时代变迁也不断调整变化，读者需求的满足也随信息来源的多元化而有更多的选择，图书馆不再是获得资源与信息的单一来源，读者如果有更好的选择和更便捷、新颖、丰富的资源，图书馆将被舍弃。"让顾客满意"是企业创造竞争优势的重要经营策略，图书馆应采纳这一经营管理策略，广泛收集读者需求及意见，将读者满意度指标化并做有效管理，借以提升服务质量及经营绩效。因此，现代化的图书馆应调查分析读者的信息需求，征求读者对各项服务的意见并加以改进，作为提升服务的依据。

图书馆的主要经费来源为政府预算。在经费不足的状况下，图书馆更多地将财力和人力用于常规业务，对增加新服务和提升服务质量普遍重视不够，而在社会资源的争取上，向外寻求支援以突破业务困境的部门越来越多，有能力、有意愿提供支援的企业却越来越少，资源的争取更加不易。

随着科技进步，图书馆收藏、储存、传递资源的方式不断改进，从传统的印刷型资源到视听、缩微资源及至今日的网络多媒体资源，大大改变了图书馆的服务模式。图书馆工作人员必须不断学习，方能与时俱进，充分运用新科技新媒体提升服务效能，满足社会大众的需要。科学技术快速发展，各种新知识新技术在各领域应用及更新换代更加迅速，图书馆也是其中的使用者和受益者。现代图书馆将新科技成果大量引入硬件服务，这提升了图书馆的现代化服务水平，但是不断调整更新设备和服务场所也给读者带来了一些困惑，很多读者并不了解图书馆服务手段的提升，无形中造成了资源的浪费。因此，有必要将馆藏及设备调整及时告知读者，图书馆应站在读者角度及时反思服务是否为读者真正需要，是否存在影响读者信息检索效率的障碍及不合理的限制。电子资源的采购、典藏不仅改变了传统的资源提供模式，在服务理念上也有相当程度的革新。图书馆应站在读者的立场，考虑读者对资源的需求期望及使用的便利，适时将各种业务调整及服务变革告知读者，让读者能真正便捷地利用图书馆的各种资源和服务。

2. 行业竞争是图书馆采用营销模式的重要推动力

图书馆是非营利组织，其目的在于为社会提供工作、学习及生活上的信息需求，虽然图书馆没有利润的追求作动力，但像过去一样消极等待读者上门也是不可取的。现在的图书馆面临许多外在的压力，迫使管理者改变过去消极、被动的管理模式，重视成本效益、社会责任及功能的发挥，积极开展各种活动激发读者的阅读兴趣，创造图书馆与读者之间双赢的局面。

图书馆竞争者包括图书馆同行、实体书店及网络书店、图书代理商和网络搜索引擎。在图书馆方面，国家图书馆、专门图书馆、大学图书馆、私立图书馆、其他图书馆甚至国外图书馆之间也都是竞争对手，彼此在服务上追求创新，属于良性竞争。图书馆与书店既是竞争对手，也是合作对象。图书馆希望喜爱阅读的读者除了借书外，也能够多买书，促进出版市场的繁荣。书店经常举办阅读讲座、读书会、作家签名会等阅读活动，给会员和消费者提供好书、新书信息，而网络书店利用电子报等方式定期推送书讯给读者或提供定制服务,将读者可能感兴趣的图书信息主动寄给会员。这些服务项目与图书馆的功能及服务相同,读者会期望在图书馆也能得到书店的服务。因此,图书馆也必须和书店进行良性竞争,学习和参考其做法。图书代理商提供书目信息、推荐书单、图书信息获取方式,其性质与图书馆的服务和产品相近,也是读者获得信息的渠道之一。当"有了网络,不必上图书馆"及"有了网络,上图书馆的人少了"的说法出现后,图书馆备受威胁,纷纷充实电子资源,积极发展网络信息服务寻求创新。在 Google 推出"Google Answer"后,传统参考咨询服务受到极大挑战,如何提供更专业、便捷、免费的网络化实时咨询服务变成了图书馆的当务之急。毋庸置疑,网络是图书馆的竞争者,激励图书馆时刻反思并更新服务模式。

（三）图书馆营销所带来的效益

图书馆实施营销计划带来的效益在每个图书馆并不完全相同,其可能的效益如下:

①对目标区域及读者群的调研及分析可以让图书馆工作人员更了解读者的类型及需求,能进一步依读者需求来规划服务及创新。

②营销计划可以让图书馆对提供服务的内容有较好的规划和评估。

③营销是结果导向的改善方式,可使服务效果及馆藏利用情况获得改善。

④完善的营销计划可以提高进馆读者数量,包括保持及提高原有读者到馆频率,激活潜在读者,提高图书馆使用率。

⑤营销计划的实施可以让图书馆及时调整自身服务方式,进而思考服务价值及哲学,及时跟踪服务项目及行动方案的实施效果,使图书馆的未来发展更加精准合理。

⑥营销计划可以让图书馆维持在社会信息服务机构中的中心地位。

⑦营销可以让图书馆的上级单位和读者代表更了解图书馆的业务和服务,引起社会对图书馆的关注,争取充分的社会支持及经费保障。

⑧营销可以改善图书馆形象,让社会对图书馆功能及服务更为认可。

二、图书馆营销策略及步骤

（一）营销策略

营销策略主要包括六大策略,即目标策略、定位策略、4P 组合策略等,其中 4P 组合策略的展开建立于目标策略与定位策略的基础上。4P 组合策略分为产品策略（product）、价格策略（price）、渠道策略（place）、推广策略（promotion）。有些营销专家在原本的营销组合 4P 基础上再加上"人"（people）成为 5P，其中产品策略乃首要的一环，唯有制定产品策略后才能使后续的策略陆续展开。因此产品为销售的主体，在产品的策略确实制定后，有关价格、渠道、推广策略的制定才能有依据可循。

现代营销的核心就是所强调的 STP 营销，也即区隔（segmenting）、目标（targeting）、定位（positioning），此架构常成为营销策略分析的主干。有学者对服务营销架构提出一个清晰的概念，被称为服务的金三角架构，此架构包括外部营销（external marketing）、内部营销（internal marketing）、互动营销（interactive marketing）。外部营销策略即传统营销 4P；内部营销策略主要包括内部营销策略观念化，人力资源管理导向、服务流程合理化，人员条件、顾客导向式评估。因此，任何组织重视外部营销的同时也不能忽视内部营销，完善的内部营销有助于外部营销工作的推动。

（二）图书馆营销策略组合

营销策略 4P 组合的运用是灵活而有弹性的，在制定图书馆营销策略时四项同时考虑才能提供给读者令他们满意的产品和服务，实现图书馆营销的目标。

1. 产品

市场营销学关于产品的概念是指市场所提供的、能满足某种需要的，包括实物、服务、保证、意识等多种形式。这个概念有两方面特点：首先，并不是具有物质实体的才是产品，凡是能满足人们需要的服务也都是产品；其次，对工商企业而言，产品不仅是具有实体的物质本身，而且也包括随同实物出售时所提供的服务。

图书馆的产品基本上由其所提供的信息资源、设施设备、服务及活动组成。信息资源包括传统的图书、期刊、报纸等印刷资源、缩微资源、视听资料以及电子书、电子数据库等电子资源；设施设备包括书架桌椅、视听小间、网络检索设备等；服务包括阅览服务、借阅服务、参考服务、信息网络服务以及不断改良的产品及服务设备。总之，新推出的产品及服务应依读者需求设计，甚至量身定制，提供良好的宣传渠道及服务价值，经宣传获得肯定与广泛使用才能算是成功的产品。

2. 价格

在市场经济条件下，企业对产品的定价一直以来都是企业经营者最重要的决策之一。价格是市场营销组合中唯一为企业提供收益的因素，同时价格又是市场竞争的一种重要手段，定价是否恰当将直接关系产品的销售量和企业的利润。因此，如何为产品制定适当的价格已成为企业经营者所面临的具有现实意义的重大决策课题。对营利组织而言，价格往往是吸引消费者从事消费行为并与竞争者争夺市场占有率的重要因素。

图书馆是非营利组织，其服务的价格包括存储和传递信息耗费的直接和间接花费以及其他环节产生的实际费用。图书馆的主要目标不在于赚钱，在于追求服务育人功能的发挥，而且图书馆的主要经费来自政府税收，因此读者总认为他们对于要使用的资料和服务已然付过钱。"使用者付费"的概念仍适用于图书馆，但可能不能完全按照成本计算。图书馆的任务之一是让社会大众平等地免费或付出少许费用就能获得图书馆的服务，阅读与学习的机会不受经济条件的限制。基础服务是免费提供的，但个性化服务或特别服务则考虑少量收费，如送书到家服务，可以免费提供给老年读者、身体不便者及视障读者，普通读者如需要此项服务图书馆就可酌予收费。再者，图书馆的电子阅报服务可免费提供给所有读者，但针对个人读者的专题性需求提供查新查重服务则可适当收费。

3. 渠道

渠道是连接产品和顾客的中间环节，营销渠道是企业活动中不可缺少的营销因素。营销渠道因其建立过程缓慢且建立后不易改变及企业难以控制，故成为营销组合策略的关键部分，营销渠道能让企业以最有效的方式把产品转移到目标顾客手中。做出适当的营销渠道策略需要对营销渠道建立与运行过程中产生的问题进行研究并解决。

图书馆服务和产品的渠道包括实体空间及虚拟空间。过去图书馆的渠道是实体空间，即馆舍。实体空间的营销渠道涉及的问题包括门禁管理、标识、馆员行动，如今图书馆的经营已从"我们到图书馆去"（We go to the library）转变为"图书馆到我们中间来"（The library comes to us），强调通过各种渠道将服务及馆藏从图书馆的实体馆舍空间推销出去。所以，网络化信息服务是各类型图书馆积极发展的领域。

　　近几年来，国内图书馆在这方面的探索较多，如建立图书馆网站，在网站上提供馆藏、电子书、电子数据库、网络资源查询，提供在线影音、说故事、教育培训课程，这些都是图书馆为了超越实体空间的限制，让读者方便地在家、办公室、学校查询资料。另外，付费或免费的送书到家服务及在市民活动场所、购物中心设置图书流动车，提供定点图书巡回，也都是主动积极地将馆藏服务推销出去，让读者在更常见的地方与图书馆的资源相遇，进一步激发读者利用的热情。以往，读者有疑难问题需要图书馆人员协助时，渠道包括亲自到馆、打电话、写信，而近年来增加了电子邮件、在线视频、实时互动等多种沟通渠道。

　　4. 推广

　　推广即促进销售，指企业通过一定的方式向顾客传递信息并与顾客进行沟通，以达到影响顾客的购买决策行为、促进企业产品销售目的的营销活动。它因使用的灵活性而受到广泛重视，成为企业的主要竞争手段之一。

　　一般而言商业的推广目标包括提供信息、区分产品、强调产品的价值、刺激需求、稳定销售等；促销方式则有广告，内容包括产品目录、产品陈列、海报和传单、新闻报刊、邮寄广告、人员推销；销售推广内容包括赠品、抽奖、优惠、折扣；公共关系内容包括研讨会、新品发布会、年度报告等。

　　图书馆的推广在于让读者知道他们可以获得什么服务，使潜在读者转变为实际读者，由不认识图书馆转变为利用图书馆。可采取邀请作家演讲、举办读书会、真人图书馆、暑期阅读或馆内定期展示等来宣传馆藏或是通过网络、App、电视、微视频等传播媒体宣传，促使读者利用馆藏。推广最重要的原则是以各种方式和读者进行沟通，即互动营销（interactive marketing）。它是指一线服务人员从读者的观点出发，将图书馆的服务提供给读者的互动行为，唯有图书馆的服务人员和读者有良好、友善、高质量的互动，才是真正优质的服务。图书馆里一线服务人员负有传递图书馆理念的使命，因此，成功的互动营销大都依赖一线服务人员的专业素质，尤其需要整合图书馆采购、编目、参考咨询服务的专业馆员，将图书馆的服务提供给需要的读者，与读者共同创造良好的互动关系，提升图书馆服务的质量。另外，图书馆可采用例行邮件、特别邮件、内外部网站、年报等方式来提升图书馆的理念及服务。

5. 人

人是图书馆的核心，将此"P"加入营销组合说明人力要素在所有营销层面的重要性。对图书馆而言，人是营销的关键。较大型的图书馆通常设有社区服务人员、社会服务人员或营销人员、营销部门，其工作人员具有丰富的知识，通常负责接触社区用户。

（三）图书馆营销步骤

营销工作是循环的，一个完善的营销计划的基础是依据图书馆的任务、价值及服务哲学，通过分析图书馆服务能力及研究读者需求，提出可以改善服务的方向或满足读者需求的措施；另外，利用分析及研究建立营销目标、选择推广策略、完善营销计划、实施及评估营销效果；利用评估结果改变或发展一套新的营销计划，更加贴合图书馆实际，以适应图书馆、社会及信息世界的发展。因此图书馆营销大致包括下列步骤：内部评估（internal assessment）、营销研究（market research）、设立特定目标（setting specific goals）、选择营销策略（selecting promotion strategies）、制定行动方案（creating a plan of action）、实施（implementation）及评估调整（evaluation）。

1. 确定服务目标

图书馆应确定任务和服务目标，以任务和服务目标作为营销的基础和前提。

2. 评估图书馆服务能力

图书馆在确定目标方向并实施之前应清楚知道自身所处的位置，评估通过努力是否能够实现设定的目标，可通过营销审核及内部评估来了解图书馆自身的能力。目前图书馆可运用 SWOT 及 PEST 模式来评估图书馆的现况及确定可能的机会。

（1）SWOT（strengths, weaknesses, opportunities, threats）

馆方所认为的优势在读者眼中未必是，例如，图书馆可能认为大量的馆藏是优势，但对读者而言，馆藏中的新类型藏书是他们更加关注和喜爱的，他们通常会阅读数量较小但富含新颖性的馆藏。因此，应利用脑力激荡法推断图书馆的优势、弱势、机会及威胁，并进行市场研究，检验对优势和弱势的假设是否正确。其中有些因素，如互联网，既可看作图书馆的威胁，也可看作机会。

（2）PEST（political，economic，social，technical）

图书馆属于社会公共服务机构，在策划营销方案时要提前分析社会大环境和组织内部微环境对图书馆的直接与间接影响，针对每个影响因素，图书馆需要评估现在的情况以及未来的发展。政治因素（P）包括法律因素，如版权问题；经济因素（E）包括经济对个人及组织的影响；社会因素（S）包括人口的变迁、社会习惯的改变及教育的变革；技术因素（T）包括互联网、多媒体等，广泛影响图书馆的软硬件水平。

3.营销研究

营销研究通常涉及下列活动：

（1）界定问题；

（2）发展一套假设；

（3）确定营销方式；

（4）收集资料；

（5）汇整与解释；

（6）决策。

4.评估竞争对手

图书馆在确定产品和服务后，可进一步精确地界定竞争对手，即营销步骤中的"评估竞争"。举例而言，公共图书馆的竞争对手可能有私人图书馆、商业信息服务公司、互联网、书店、其他学术资源中心、地方影印店及读者互相借书等。图书馆在确定了竞争对手后还需要对自身有一个明确的定位，这个定位应该突出自身的核心竞争力以及与竞争对手的明显区别，可以给潜在读者一个优先选择本馆的好理由。

5.发展营销的目标和目的

发展营销的目标和目的应依照图书馆任务、内部评估及外部读者需求的评估结果来确定。开展一项新的营销计划，确定营销目的是最重要的步骤，营销目的的确定要考虑经费、人力及综合执行力，合理、可执行的目的是作为计划的指引及追踪进度的评估工具，目的应尽可能详细。

6.确定营销策略

通过调研可进一步选择推广图书馆服务的策略，明确并平衡营销组合的各项元素。一个有效的营销策略的实施需要营销组合的规范，营销概念虽广泛用在营利组织，但做好所提供的产品评估和对使用者价值的评估也十分重要，一个好的图书馆营销计划将一样获益。

7. 选择行动方案

按照确定的策略选择最恰当的行动方案，开展各项营销活动。

8. 评估实施成效

定期进行内部和外部评估才能及时修正、改善营销策略，使之更加符合目标需要。另外，评估时要考虑计划成功的所有因素，这些因素也包括未直接涉及营销却在其他岗位支持营销活动的工作人员。

（四）图书馆营销方式

图书馆营销方式有多种组合，本节介绍较常用来促销的资料、赠品和措施，以及通过网络进行营销的方法和手段。

1. 图书馆营销资料

所有传统的图书馆宣传资料都可被当作营销资料使用，每个图书馆都会印制印刷品分送一般读者，其中有些图书馆展示的信息比较全面细致，有些则显得不足。适量的印刷品可以营造直观的视觉印象，增强图书馆服务和资源的能见度。

（1）图书馆 Logo

Logo 通常由管理层提供概念，由图案设计师设计，经管理团队认可后采用。大型企业的 Logo 是营销计划的核心，图书馆 Logo 也应扮演信息指引者的角色。图书馆 Logo 通常是一个小小的图形，抽象表达图书馆的价值、任务及图书馆的名称缩写，颜色应配合图书馆的特色，能吸引读者的注意力。通常情况下 Logo 可以引起特定顾客群的注意。图书馆 Logo 设计应具有多样性，可吸引各年龄层读者的注意力。

（2）图书馆信息资料

图书馆都会印制宣传推广的小型手册、宣传页、书签及微信推送，这些资料大都被放置在入口处供读者取阅使用。为了让图书馆服务能辐射到更远的范围，应该善加利用人潮流动频繁的地方，如在文化中心、大卖场、活动中心同样也放置宣传资料，这样更能吸引非使用者的关注，以开发新读者。

①图书馆位置图册

图书馆位置图册应标识附近图书馆的位置，让社会大众知道附近有哪些图书馆可以利用，加强了大众对图书馆方位的认知，对增加进馆读者数量有较大帮助。所以图书馆位置图绘制要尽可能清楚，除了标识附近图书馆位置外还应标识到达图书馆的主要道路以及图书馆的开放时间和联系方式。

②借书证

借书证是图书馆利用的重要证件，如果利用得当可以是很好的营销工具。为了方便携带许多图书馆发行钥匙链借书证，将借书证尺寸变小并打孔，让读者系在钥匙链上随身携带，不管是放在口袋还是包里，拿出钥匙链就可看得见，提醒读者到图书馆借书。钥匙链借书证既包含了借书功能，又能作为一般装饰物使用，增强了图书馆的宣传效果。

③微信推送

图书馆微信推送的前提是读者关注图书馆微信公众号，这一宣传方式通常在于维持现有读者，而非开发新读者。微信推送可依据需要分别印制儿童版及成人版两种版式，为儿童编制的版式可适当搭配图片和小动画，提醒他们和父母共同利用图书馆，将更能吸引儿童的注意。如果图书馆因为政策或软件的关系无法直接发送微信给儿童，则可通过寄送给父母、老师，也能起到同样的宣传效果。微信可实时传送有时效性的活动、资源及服务，让图书馆活动和宣传对阅读者有直观煽动效果，提高宣传的成功率。

2. 图书馆赠品

（1）书签

书签是读者在阅读过程中随时会用到的小工具，图书馆、书店及出版社都喜欢印制书签赠送给读者。在书签设计方面，可将图书馆的服务介绍印在书签上，也可印上与阅读有关的诗句和名言，或是将不同行业、年龄层的阅读推广人印制在书签上推广阅读活动，以吸引社会大众喜好阅读和利用图书馆。

（2）宣传名片

将图书馆宣传名片印上图书馆 Logo、网址及联系方式是图书馆极好的促销工具，不仅因为其大小适合携带，更可随时提醒读者到图书馆阅读，名片最好与借书证的设计相呼应，将联系方式和开馆时间置于背面。

（3）图书馆纪念品

图书馆举办特殊活动或强调服务措施时通常会编列预算购买一些纪念品送给参与活动的读者，除了吸引到馆读者的注意力外，还可在营销计划中针对吸引潜在读者设计一些新奇的、非传统的纪念品，也会收到较好的效果。

①笔类纪念品

在纪念品中笔是比较便宜的一种，即使是特别依需求设计定制的笔类纪念品也是如此。以笔作为赠送品的好处很多，比如易发放、是学生的必需品，不但在学习上用得到，而且也符合图书馆营销策略。在笔杆上印馆名、活动名称及网址更能加强图书馆的宣传作用。

②贴纸

孩童喜欢贴纸，有些儿童爱好收集并向他人展示贴在笔记本中的艺术作品或保存在家中的贴纸而且非常自豪，图书馆分送自制贴纸给儿童也将大受欢迎。赠送的贴纸尺寸不宜过大，最好控制在 3cm×3cm 以内，在上面印上图书馆 Logo 及相关信息，如图书馆网址、服务内容或推广活动名称。有些图书馆推出特别设计的藏书票，可以贴在个人的藏书扉页，想法虽好，但藏书票是贴在扉页，而读者更多地是去阅读新书，对于已看过的书难有机会再翻开，所以宣传的效果并不理想。

③书套

为了保护书籍整洁不破损，很多人喜欢利用书套将图书包裹起来，图书馆如能设计发放特制书套，上面印有活动信息，免费分送给到馆读者，不仅可满足读者的需要，也可加强宣传效果，如依主题宣传推广相关的参考图书、电子资源、网址等。可依不同主题设计不同样式、颜色的书套，对于每天都要用课本的学生而言，他们每天都会看到图书馆的信息，这些信息能提醒他们爱护图书和利用图书馆。

④海报

图书馆针对开展的专题活动专门设计制作海报，海报主要内容可以根据读者利用图书馆的实际图片和影像或馆员活动的情景进行设计，穿插名人名言，呈现热情有趣的风格。将海报展示在图书馆大厅、学校和其他人流密集的场所进行宣传，读者便随处可见图书馆的推广宣传，当他们外出经过宣传海报或有闲暇时刻就会想到利用图书馆。也可在海报主要内容旁附加图书馆 Logo、网址、布局以及开展的活动，与主海报内容呼应。

⑤其他

任何利用率高的小物品都可用于图书馆纪念品的制作，比如笔记本、书袋、磁铁、笔盒、鼠标垫、钥匙圈、水杯、名片夹、环保袋等都可在上面印上图书馆 Logo，用于宣传。

营销资料可大可小，以满足读者的简单需求为前提，不论选择宣传品的类型如何，其质量一定要好，且要符合图书馆的营销目的。

3. 运用网络营销图书馆产品及服务

对很多从未到过图书馆的使用者而言，图书馆网站就是图书馆；而对使用者而言，网站就是图书馆的另一个分馆，而且可以 7×24 小时检索信息。因此，更多的读者选择利用图书馆电子资源，图书馆也越来越重视提供网络服务。

人们越来越习惯从互联网世界获取有用信息，过去人们必须亲自到图书馆才能获取资料，现在期望信息能主动来到他们手上，可以在工作室或在家中获得。人们对图书馆 7×24 小时服务的需求持续增加，图书馆也越来越多地使用网络提供服务和营销活动，当图书馆转移较多的服务到网络上，网站就变得越来越重要，逐渐成为图书馆营销服务和产品的主要工具。通过图书馆网站我们可以进行如下宣传：

①制作适合不同读者群体浏览的网页，包括适合本国读者利用的中文网页、适合国际友人检索的英文版网页、适合儿童浏览和阅读的带有动画和图片的儿童版网页和为残疾读者提供方便的视障版网页。

②定期发行电子报，主动给读者提供图书馆培训和阅读活动信息及新书、好书信息。

③通过网络提供各种便捷服务及增值服务，开展读者意见调查，分析读者利用各种在线服务的统计资料，作为改善服务的依据。

4. 成立图书馆志愿者组织（friends groups）

积极主动的"图书馆志愿者"是图书馆最有价值的资产之一。志愿者组织因城市不同而有所不同，但一般由对协助图书馆服务工作有共同兴趣的人士组成，通常这些人喜爱书籍、阅读和图书馆，并愿意通过宣传图书馆价值和协助服务来帮助图书馆提升内涵。因此，图书馆志愿者也是图书馆营销的利器之一。其活动形态大致如下：

①加强社会对图书馆的了解并提高民众对图书馆的支持率。

②赞助和开展活动，如作家面对面活动、亲子阅读活动、音乐会、专题艺术展览活动、影片欣赏、才艺表演、演讲活动、读书会活动等，丰富社会文化生活。

③开展图书义拍或举办专门的募款活动，为图书馆预算中无力负担的设备和资料提供经费。

④鼓励社会大众利用图书馆资源和服务。

⑤加强图书馆与其他社会团体、民间组织的沟通和合作。

⑥受图书馆的委托，提供咨询服务和组建图书馆义工团体。

5.通过经营社会公共关系开展营销活动

通过参与社会公益活动、开展社会阅读活动增加社会民众对图书馆的了解，也可通过与学校、公益组织、机关合作共同开展阅读活动，建立持续的互动关系。

6.通过媒体开展营销活动

通过发布新闻消息提供活动相关信息；举行记者会，介绍新开展的服务内容和活动，扩大活动宣传面；与网站、电视节目合作，录制专题片介绍图书馆服务；运用多种广告方式宣传图书馆的服务。

第六章 图书馆职能管理与建设

第一节 图书馆职能概述

一、图书馆基本职能

根据《汉语大词典》的定义，职能是指"人和事物以及机构所能发挥的作用与功能"。作用是指"产生的影响、效果"，功能是指"效能、功效"，可见，职能和作用、功能等词的含义基本相同。然而，具体到一些事务或机构的职能，适当区分基本职能和社会职能则非常必要，也很有意义。例如，在发达的商品经济中，货币具有五种职能：价值尺度、流通手段、贮藏手段、支付手段和世界货币。其中价值尺度和流通手段是基本职能。又如学校"化民成俗，其必由学"，指教育感化人民，形成良好的风俗，一定要从办学入手，意思是学校具有不可低估的社会职能。此外，学校还有一些基本职能。因此，基本职能和社会职能有着密切的联系，但也有着较为明显的区别。

要明确图书馆职能，首先应该明确其性质。图书馆的本质属性应该是图书馆这类事物所特有的，能将它与其他事物区别开来的属性。社会存在的各个部分都有一定的社会性，例如，服务行业都有服务性，学校都有教育性，科研机构都有学术性。由此可见，图书馆的社会性、服务性、教育性和学术性都不是图书馆的本质属性。图书馆的本质属性应该是藏用性，即对图书文献的收藏与利用，或称之为知识信息的集聚与传递。这是图书馆独有的属性，也是所有图书馆都应当具有的属性，否则就不能称其为图书馆。此外，图书馆是一个多功能机构，它不仅有本质属性，还有非本质属性和一般属性。在整个社会系统中，它是社会的一个组成部分。作为社会的一个部分，必然会具有某些社会的属性，如学术性、教育性、服务性等，这些属性都是社会属性的反映。图书馆的本质属性和社会属性的区别决定了其基本职能和社会职能也是不完全相同的。

不同历史时期、不同国家以及不同类型的图书馆之间图书馆职能的侧重点有所不同。但是在诸多职能中，有些职能是每个图书馆都共有的，也是古今中外各类型图书馆都应该具有的。它们贯穿图书馆的整个发展过程，不随图书馆技术方法和服务手段等方面的改变而改变，不随社会的发展而变化，这些就是图书馆的基本职能或自然职能。

二、图书馆社会职能

图书馆的社会职能是在图书馆基本职能的基础上发展起来的，由其社会属性所决定的职能。图书馆的社会职能与基本职能是不同的。社会职能是针对图书馆所承担的社会作用而言的。例如，就"社会文献流整序"这一社会职能而言，它是针对社会文献生产的连续性和无序状态所发挥的特殊功能。图书馆发挥这一社会职能的前提是完成好图书馆信息组织的基本职能，即那些需要不同类型图书馆共同努力才可能实现的职能部门。所以说，图书馆的社会职能具有社会整体性的特点。

图书馆的社会职能与基本职能的区别也不是绝对的，二者有着紧密的联系。前者源于后者，以后者为基础，是后者在一定社会形态下的表现形式。图书馆的基本职能是不变的，不受时间和空间的影响，无论是中国古代的藏书楼还是当代西方的"Library"。然而，社会职能一定是受社会影响的，是社会赋予它、要求它的。图书馆的产生与发展是社会的需要，它随着社会的发展而不断变化扩大。1975年，国际图联在法国里昂召开了图书馆职能的科学讨论会。会议总结中指出，现代图书馆的社会职能有四种，即保存人类文化遗产、开展社会教育、传递科学情报和开发智力资源。这个结论基本反映了现代图书馆的实际情况和现代社会对图书馆的实际要求，但不同社会制度的国家对图书馆这四项社会职能赋予了不同的思想内容、政策和目标，并且不同类型的图书馆对这四个职能的侧重点各不相同。

三、图书馆职能研究的意义

作为我国最为重要的公共文化服务机构之一，一直以来国家图书馆不断调整其社会职能，使其职能定位指导下的业务工作能够适应不断变化的社会环境、信息技术环境和用户需求。随着新业态环境的生成和发展，基于新环境和新需求的定位必然相应地有所转变和更新，对其进行系统深入的研究具有重要的理论意义和现实意义。

（一）理论意义

任何机构或组织的行为、职责的发挥都是在其职能的指导下开展的，职能定位的科学与否直接影响社会价值的实现效果。理论指导实践，又扎根于实践，对于机构或组织而言，对其职能定位的研究具有重要意义。从理论上看，图书馆的基本职能与社会职能有着显著的区别与紧密的联系。从二者区别的视角，在总结国内外研究成果的基础上对国家图书馆社会职能定位进行科学研究，有利于丰富图书馆职能的理论。图书馆社会职能定位研究是在以用户为中心的服务理念要求下，将视线更多地投向用户在新业态环境下的全新需求的基础上的研究，体现其社会职责，指导其社会实践。

近些年来，随着互联网和现代信息技术的成熟和迅猛发展以及在图书馆行业的广泛应用，信息资源组织方式、图书馆工作方式、服务对象和用户服务形式日新月异，逐渐催生了新兴图书馆业态。业态的变化是整个图书馆行业生命力的体现，既可以借此趋利避害、摆脱被信息社会边缘化的危险，也可以因此与时俱进，在我国公共数字文化服务体系建设中占据优势地位。在这样的背景下，对图书馆所处的新业态环境进行深入分析，实证研究我国国家图书馆社会职能定位，准确把握其社会职能的变化，尤其是深入系统地研究和把握具有诸多独特功能的国家图书馆的社会职能定位的转变问题，对于从业者认清肩负的使命和承担的职责，对于国家图书馆在业界的指导作用，具有重要的理论意义。这有助于进一步促进我国图书馆学基础理论的发展，也将对我国图书馆的创新实践产生一定指导作用。

（二）现实意义

1. 有助于更好地实现国家图书馆的社会价值

图书馆是人类社会活动的产物。图书馆文献、读者、图书馆事业和工作都具有社会性。图书馆社会责任的赋予体现了整个社会对图书馆的作用和影响，而图书馆社会职能的发挥则实现了图书馆应有的社会价值。图书馆一方面受外界需求的作用承担了应有的社会责任，另一方面也在通过自身社会职能的发挥履行着社会责任，由此体现出自身存在的必要性和社会价值。图书馆在经济、社会、文化和信息技术等各方面因素的影响下，其社会职能必然会发生变化，科学的社会职能定位是实现社会价值最大化的前提条件。

2. 有助于国家图书馆内部机构设置更加科学合理

现代社会组织有一个最为显著的主要特征是制度化的组织结构。为便于不同职位的权力结构体系通过协调各个职能部门或个人的活动顺利开展组织活动、达到组织目标，社会组织通常具有制度化的职位分层与部门分层结构。职位和部门是构成组织结构的基本元素或单元。部门通常表现为以组织目标为导向、以组织规范为前提、以组织内部分工为依据的一种组织机构，组织内部由若干相关的职位联结形成稳固组合。任何社会组织的存在都不是一成不变的，而是随着社会环境的变化发生相应的变化。同时，根据变化了的环境对其社会职能进行科学合理的定位具有重要的意义。然而，社会组织的社会职能与内部机构设置之间是一个辩证的关系，即社会职能定位是否科学合理决定了社会组织内部机构设置是否符合新的环境的要求，而内部机构的设置也会反过来影响社会组织社会职能的发挥。因此，根据新的业态环境变化对国家图书馆社会职能进行科学合理的定位有助于建立一套定位科学、分工合理、权责明确、运转顺畅的组织结构。

3. 有助于国家图书馆更好地为文化强国建设服务

在我国向着社会主义文化强国迈进的进程中，图书馆必将扮演更加重要的角色、承担更加重要的职责、发挥更加重要的作用。处于我国图书馆界整个行业龙头的国家图书馆面对新的业态环境，只有准确定位自身社会职能，才可能在文化强国背景下更好地履行自身的使命和职责，不断满足各类用户对知识信息需求的新增长，更好地回应人民群众对公共文化服务的新期待，更好地为文化强国建设做出新贡献。

4. 有助于国家图书馆在新业态环境下更好地谋划未来发展

国家对公共文化服务体系的投入在不断加大，图书馆事业正在进入一个全新的繁荣发展时期。然而，商业数据库和商业数字图书馆此时也正在不断向图书馆渗透，搜索引擎正在向图书馆发起资源争夺战，图书馆被边缘化的危险是前所未有的。逆水行舟，不进则退，新型业态的催生和发展刻不容缓。国家图书馆只有认真分析现状、找准定位、立足现在、着眼长远，在新型业态生成和发展过程中，抓住新兴图书馆业态变革的发展机遇，制订科学合理的发展规划，通过实现科技创新、服务创新和知识创新等增强自身实力，才能带动全国图书馆界共同应对面临的机遇和挑战，在新业态环境下更好地谋划事业发展，并为整个行业未来的跨越发展打下坚实的基础。

第二节 图书馆社会职能定位与建设

一、图书馆的社会职能定位

（一）文化传承对国家图书馆社会职能的要求

文化是一个民族的精神和灵魂，是国家发展和民族振兴的强大力量，有利于建设中华民族共有精神家园，增强民族凝聚力和创造力。在我国经济飞速发展、民族复兴日益清晰的大背景下，文化建设越来越成为实现可持续发展、提高民族凝聚力、实现中华民族伟大复兴的重要支撑。

文化是指人类思想的成果与体现，是一个国家、民族重要的精神支柱。文化的力量深深熔铸在民族的生命力、创造力和凝聚力之中。作为文化传统的集散地，图书馆拥有丰富的馆藏资源，是民族文化的宝库，承担着传承文化的首要职责。以"传承文明、服务社会"为宗旨的国家图书馆，在搜集和保存中国文献典籍和世界文化遗产以及保护和弘扬中华民族文化等各方面承担着应有的历史重任，发挥着重要的社会职能。在数字化时代的大背景下，为做好文化传承，对国家图书馆提出了更高要求。

首先，要加快国家文献资源保障体系建设。在全球信息化以及多元化发展的大背景下，国家乃至世界范围内的馆际资源互建共享成为趋势。作为国家总书库，国家图书馆在国家文献资源保障体系建设与民族文化的传承中应占有绝对的主体地位，要在积极做好文献资源的门户与知识导航、大力发展文献提供的基础上加强对传统文化载体、古籍文献以及当代文献的搜集、整理、传播等。

其次，要推进现代化服务与文化传承。数字化时代，国家图书馆保存文化、传承文明的基本属性是不会改变的，改变的只是保存文化、传承文明的手段和方式。应依托现代化的服务手段与技术，以国家数字图书馆建设为契机，通过珍贵馆藏特色资源数字化、数字图书馆推广工程建设等方式形成传统馆藏与数字馆藏、实体馆藏和虚拟馆藏有效组织、共同发展、互为补充的国家文献资源总库，使国家图书馆更好地服务于传承文明的历史使命。

（二）公共文化服务体系建设对国家图书馆社会职能的要求

公共文化服务体系是以满足公民的基本文化需求为目的，由公共部门向公民提供公共文化产品与服务的制度和系统。完善的公共文化服务体系包括服务主体、设施、平台、产品、信息、机制等。图书馆作为公共文化服务实施的主体之一，其一项重要的职责即是为大众创造公平、自由的获取知识和信息以及参与文化活动的条件。国家图书馆在国家文献资源保障体系的建设、文献提供服务、资源共享共建、图书馆信息技术研究与应用等方面更有义不容辞的责任与担当。

根据我国对国家图书馆的职能定位以及公共文化服务体系建设对国家图书馆的基础性要求，本书认为，国家图书馆在建设公共文化服务体系中主要面临以下几个重要问题：

一要体现公平性。公平性是针对十七届六中全会提出的"努力实现基本公共文化服务均等化"提出的。就国家图书馆而言，就是在提供服务时要彻底贯彻无差别、无歧视的服务原则，在工作中要充分照顾到弱势群体的阅读与知识索取权利，不能厚此薄彼。

二要落实公益性。公益性是公共文化服务体系建设的基本特性。强调大众在接受服务时的无偿性、均等性。对国家图书馆而言，就是既要在照顾彼此利益的基础上最大限度实现服务的免费，又要关注免费之后的服务质量和服务效益问题。

三要注重基础性。基础性即指国家图书馆作为公益性单位，要界定好基础性服务与收费性服务的范围，严格按照国家有关公共文化服务体系建设的相关规定，制定出科学合理的服务规范及服务细则。

（三）社会主义核心价值传播对国家图书馆社会职能的要求

构建社会主义核心价值体系，就必须充分发挥文化的作用和力量。图书馆作为公共文化服务体系的重要组成部分，本身拥有恢宏的文献资源，承担着保障公民基本文化权益、满足各阶层公民文化需求的义务和责任。此外，在其自身存在和发展的过程中，也形成了独特的包括思想道德修养、知识素养、价值观念、审美艺术等在内的人文环境和精神氛围，这使得图书馆在公众价值观和社会思潮的引领方面具有得天独厚的优势。国家图书馆应充分发挥自身信息资源优势、专业人才优势等，在建设社会主义文化强国的进程中，既要承担起保障人民基本文化权益、公民平等知识索取等社会责任，也要紧扣社会主义核心价值体系建设，自觉服务于文化强国战略的实践。要处理好资源开放与超前引导性的关系。

作为重要的"信息集散地"和"信息中心"，国家图书馆要为公众提供知识和信息，是公众的"第二起居室"，是公民终身受教育的课堂，要服务好残疾人、未成年人、农民工等特殊人群。这就要求国家图书馆在建设与服务上始终秉持一种开放的心态，要积极借助网络技术、数字化技术等手段，不断拓宽服务范围，及时更新服务内容，持续改进服务手段。与此同时，作为信息荟萃的知识殿堂，国家图书馆是不同文化、不同价值观的碰撞地。这就要求国家图书馆在包罗各种文化思潮的同时，又要不断地对外部文化进行分析、选择、吸收，择其善者而扬之，择其不善者而抑之。要尤其善于运用手机、社交网络等新兴载体传播社会主义核心价值体系，善意引导读者学善、向善，使公众在潜移默化中认知、认同社会主义核心价值体系，还要处理好全民教育与个性化需求的关系。

二、图书馆社会职能定位的建设策略

（一）国家记忆文献资源中心定位

国家图书馆应依据自身的资源基础、文献信息采集制度，通过技术创新，逐步形成特色，继续建设文献品牌拓展至数字空间，将自身打造成国家文献信息资源中心。对国家政治、经济、文化等领域取得的重大成就、发生的重大事件、具有历史意义的重大事项等留下的历史文献进行系统收集，特别是对那些原生性信息、即时网络信息、有失传风险的文献进行系统、及时、安全的收集，长期保存。

1.定位价值分析

中华文明具有五千年悠久历史，是人类文明史上最古老、最灿烂的文明之一。文字的发明和大量典籍文献的产生与流传是中华文明一脉相承、绵延数千载而未曾断绝的重要原因。中华民族优秀的思想文化传统、中华儿女的奋斗历程、中国历史上的重大事件、祖先伟大的发明创造不但值得我们铭记和保护，而且也是构成中国社会主义核心价值观的要素和开拓创新的起点。这些历史记忆如果不加以妥善保存就会造成国家历史的断层。保存这些资料证据，成为国家图书馆重要的社会责任。

国家记忆体现在多种载体上。对图书馆而言，发现、保存的记忆主要以文献载体形式出现。"记忆"的本质是信息，包含经历、经验、知识、情感、智慧等。对于国家、地区或民族而言，"记忆"是承载本国、本地区、本民族的历史知识、文化传统和文明智慧，对保持民族认知与文化认同有重要作用的信息。"记忆"外化为文字和实物作品的内容。书籍、手稿、音像、数字资源等任何载体形式都是记忆的表现。国家记忆资源可全面记录中华文化传统、代表性人物和重大事件，是进行文化思考、探索历史发展、参与文化建设的重要历史依据。

就内容而言，图书馆系社会记忆，可以理解为图书馆要收录反映社会存在的记录，不考虑是何载体形式，并以记忆的运行机制实现资源的存储、保存和使用。新信息环境下国家记忆资源的类型多样，互联网应用带来一些新型信息机构的发展。在重大事件中也会产生照片、电视视频、现场记录等形式的海量数据资源。大数据具有体量巨大、类型繁多、价值密度低、处理速度快的特点，若不及时发现、有效采集、长期传承下来，这信息资源将转瞬即逝。纸质文献是传统图书馆资源，与此相比，新业态环境下信息资源大量膨胀，其中很多信息对国家记忆而言具有保存和利用的价值。但从长期保存和资源有效性的角度考虑以及目前条件所限，全部采集这些资源还不太现实，因此，信息的选择和组织就至关重要。

图书馆是社会记忆（通常表现为书而记录信息）的外在和选择传递机制。换句话说，图书馆是社会知识、信息、文化的记忆装置、扩散装置。国家记忆资源是国家历史长河中留下的珍贵记忆，揭示了人类文明进程和发展历程，这些资源是民族的记忆。国家图书馆作为国家级的"社会记忆装置"，是国家展示自身历史文化的窗口，是民族记忆的渊薮和公民教育的课堂，理应发挥"国家记忆资源中心"的社会职能，为国家参考提供资源支持。

国家图书馆承担国家记忆的社会职能区别于其他社会机构，如博物馆、纪念馆、文化馆。其特征是以文献记录资源为载体，无论在资源范围、保存方式，还是在开发利用模式方面都具有自己鲜明的特点。

2.定位实现的策略路径

（1）资源发现

国家图书馆应全面采集国家发展历程中记载有国家政治、经济、文化等领域取得的重大成就、发生的重大事件、具有历史意义的重大事项的文献，特别是对那些原生性信息进行系统采集，及时发现采集国家记忆文献资源。

图书馆是采集、加工、保存、整理、传播文献信息资源的专业机构。国家记忆文献资源是文化传承的重要载体。长期以来，由于社会、历史等原因，一些有较高现实价值的珍贵文献分散于各类收藏机构，要实现全面有效的采集必须建立完善的资源发现机制作保障。从资源的介质来讲，要利用现代信息技术加大对网络信息和音频、视频等异构信息资源的获取，将资源选择与专题内容有机结合，将现实与存储历史需求作为无形的指挥棒有效地引导资源内容的发现；另一方面，面对国内外其他文献资源收藏机构开展有针对性的文献采访工作。加强对文献采访方针的研究，设定常规机构或采取定期互访等方式开展前期文献普查和采选工作。赋予文献采访原则新内涵，跳出固有文献的概念，将围绕国家记忆主题的一切记录介质、载体都视为国家图书馆馆藏资源。以专题为中心的信息资源发现获取与有针对性地对其他收藏机构采访相结合的发现机制，会使图书馆资源经费投入与用户利用率更趋于合理。以馆藏实体资源和数字资源的平稳建设为前提，确保世界上中文文献和与中国有关的文献全面入藏。

（2）资源组织管理

国家记忆文献资源除了图书馆馆藏资源，也广泛存在于博物馆、档案馆等文化机构及科研院所等各行各业。这些资源对于国家历史的留存和文化的传承具有重要意义，对提高文化信息资源的利用率、提升全民的文化素质水平具有极其重要的作用。然而，由于我国不同行业、不同部门之间的宏观规划、协调和管理缺乏整体统筹，条块分割现象比较严重，文化信息资源收集、组织与利用呈现出地区性、行业性特性。因此，要按照联合开放和共建共享原则建立全国各省级公共图书馆、文献文物收藏单位、高等院校和科研单位、企事业单位、社会组织和个人参加的中国记忆项目全国协作体系，通过确立合作项目方式，鼓励社会力量参与资源建设。发挥国家图书馆的龙头作用，联合各行业各领域实现基于同一标识平台建设的数字资源纵横贯通的整合。对跨系统、跨行业的信息资源要组织相关领域专家对其进行全面组织、整合、择优利用提出合理方案，保证我国文化资源整合的广度、深度和精度。国家记忆资源库采用数字化信息处理和集成整合技术对诸如各种数据库、多媒体资源、网页、试验数据、博客等多种信息资源进行深度挖掘，并通过科学的方法对这些资源进行重新组合，实现基于语义分析的信息资源关联，做到多类型的信息资源的深度整合，实现资源库群异构资源无缝链接。

国家图书馆可运用现代化技术与手段，通过网络平台的构建整合数字形态的记忆资源，以记忆主题为主线，分为若干专题库。专题资源可按照主题、时间、地点、人物、事件、过程、内容等多种方式进行资源重组，进行多维度标引，便于用户查找、识别、选择、探索。另一方面，借助用户参与资源组织的大众化特点，将用户在网络中信息资源的组织方式与图书馆记忆资源组织方式进行整合，也就是形成融图书馆专业性资源组织与大众性用户参与的标签式信息组织结合的方式，建设按时间、地域、人物、事件、专题、文献等多维度组建的知识库体系，有效进行社会化组织。

（3）资源权威

国家记忆文献资源的主要价值在于保证资源的权威可靠，因此要加强文献整理和研究，确保入藏的权威性。选题可结合国家重要政策、重大事项、重要任务等方面，也可通过社会征集或与其他机构合作的方式来确定。保证入藏品种、版本、信息资源的齐全，成为中国国家记忆资源提供的权威基地。

（4）资源长期保存

国家记忆文献资源应满足长期保存的要求。特别是那些易损、孤本、原生的数字资源，应采取特别保护措施。由于数字资源具有不稳定性和易逝性，随着信息技术的快速发展，读取数字信息的软硬件设备也很快就面临过时和被淘汰的危险。只有长期保存，才能将记忆资源传承后世。各国图书馆在长期保存基础设施建设方面都投入巨大。国家记忆资源应借鉴数字资源保存领域的成果，构建完备的记忆资源存储系统，实现长期保存。另外，应加强不同保存策略的研究和开发。比如，将数字资源转化成缩微胶片的形态实现长期保存，即数字信息缩微化。缩微技术已有上百年的历史，发挥模拟影像技术的优势并与数字影像技术结合，可以在缩微制品模拟状态与数字状态存储的转换过程中实现最有利的资源长期保存。多载体模式的长期保存，确是值得研究和实践的课题。

（5）服务平台

国家记忆文献资源中心不仅是保藏中心，更重要的是一个公共使用中心。因此，建立国家记忆文献资源服务平台具有特别重要的意义。服务平台以国家记忆为主题发布和传播信息，采取开放式动态性的管理和服务方式，实行边建设、边服务的模式，不断丰富其内容。提供符合国家记忆查询与研究要求的界面和检索途径，使读者可以更加方便快捷地利用信息资源。在融合业态的环境下，策划依托国家记忆资源建设，融文献与实物、纸质资源与数字资源、传统模式与全媒体模式为一体，建成立体式用户服务新模式，包括展览、讲座、表演、文化活动等。

（二）公益性公共服务中心定位

我国国家图书馆应依据自身的服务基础、用户需求，通过制度创新主动参与国家公共服务体系建设。坚持公益性原则，将自身建设成国家公共服务体系建设的重要基地，面向五位一体、公共管理与和谐社会建设需要，提供免费、均等型公共服务，满足人民群众基本文化需要，特别是文化、就业、社会保障、公共安全、社会创新等领域的公共服务需要。公益性公共服务中心的定位要求是：以公益性服务为准则；以文献信息资源为基础；以满足人民群众文化需求为目标。

（三）研究型知识服务中心定位

国家图书馆在做好基本公共服务的同时，还要满足研究型用户的需要。主动挖掘决策、科学技术研究、企业创新等领域的深度需求，通过专题咨询、项目研究、科学报告、标准服务等多种形式满足服务，承担决策、研究、创新支撑的社会责任。研究型知识服务中心定位的要求是：在做好公共服务的基础上，保证国家重点项目、决策的需要，特别是研究型、决策型用户的需要；提高服务质量与研究能力；创新知识服务方式。

（四）图书文化交流推广中心定位

在履行收藏与传递文献信息的同时，国家图书馆应担当推动文化大发展、大繁荣的重任。利用书刊、影像、网络等资源大力推动文化交流，配合国家文化发展、文化走出去等战略，积极主动承担文化传承、文化发展、中华文化推广的社会责任。

1. 定位价值分析

促进文化交流及文化走出去是国家发展战略的需要。文化是民族凝聚力和创造力的重要源泉，是综合国力竞争的重要因素。在全球范围内实现充分的交流、对话、协调和沟通是文化发展的共同趋势。各国越来越重视文化的发展与繁荣，这是文化软实力的体现。中华文化博大精深、浩如烟海。文化走出去战略中"走出去"的中华文化既包括传统文化，又包括自中国近代以来不断发展形成的现代文化和与现阶段的经济政治相适应的中国特色社会主义文化。中华民族具有收藏和保存文化的传统，藏书机构伴随着文化的发展而发展。早在商周时代就已经有收藏典籍、档案和简册的官方机构。从藏书楼到图书馆的发展见证了中国收藏图书、保护文化遗产的优良传统，对人类知识的传递和积累发挥了重要作用。

丰富的文化中除了一部分以文化实体形式存在外，大多是以文字记载记录的文化典籍和文献资料。卷帙浩繁的文献翔实地记载着历史，延续着中华民族的根脉，是中华民族的宝贵精神财富、传承文明的重要形式，同时也是不可再生的文化资源。中国传统文化是国家文化软实力的基本要素和发展源泉。在全球化趋势深入发展的时代背景下，大力传承与弘扬优秀中华传统文化具有重大的历史意义与现实意义。国家图书馆具有文化交流推广的丰富资源。

图书是社会认知图书馆的品牌标识。图书等记录形式的文化资源是图书馆开展文化推广交流的重要基础。这些由知识内容和记录载体组成的文献资源是中华文化最真实权威的记录。要让世界了解真实的中国，要进一步彰显中华文化魅力，需要通过真实的记录来展现中华文化与时俱进的生命力和风采。国家图书馆是国家藏书机构，拥有丰厚的文化资源，这是提高国际文化竞争力的有力优势。因此，在我国与国际交往中，国家图书馆承担着多元文化推广与交流的重任。

国家图书馆通过与各国图书馆建立广泛的书刊交换关系，一方面极大补充了馆藏，另一方面通过书刊交换，以资源扩散的方式使优秀的中华文化资源得以广泛推广；以项目形式将体现中国优秀文化的文献赠送到国外，通过设立阅览专架或者通过网络资源的免费浏览，让世界更好地了解中国，弘扬中华文化，进一步提高我国国际地位和影响力。

2.定位实现的策略路径

（1）搭建基于图书品牌的中华文化交流推广合作框架

图书馆推广文化不同于其他社会机构，天然依赖图书文献。同时，国家图书馆还可以广泛利用其他文化交流机构的优势，通过合作方式推动中国图书走向世界，例如"中华文化交流与合作促进会"等相关机构。利用这些机构的国际合作渠道延展国际合作空间，拓宽合作伙伴，确定项目主题和合作机制，图书馆在其中承担基础业务工作。构建系列化推广模式，例如，国际图书巡展，中华文化系列出版物、中华优秀文化产品推广等方式。

（2）建设中华文化信息资源

文化信息资源是重要的信息资源和战略资源，文化资源在人类社会发展中起着重要的基础性作用，对文化信息资源的整合是提升文化软实力的需要。中华文化资源由于历史原因散落于世界各地，要加大海外中文文献补充力度，丰富记载中华文化的出版物。中国国家图书馆可代表中国以国家图书馆海外分中心的形式，或者以部委与直属单位合作的模式与海外文化中心达成协议，以海外文化中心图书供给、展览巡展服务等与文献建设服务互惠互利的合作方式，发挥分中心人员国际关系网的优势，协助图书馆文献采集，以此加大补藏力度；也可加强同图书进出口商等企业的合作，选派专业采访人员根据图书馆的需求做寻访；采用参加国际书展机制常态化等方式，不断丰富中华文化信息资源的资源量。

（3）广泛参与国际图书与图书馆组织的活动

多年来，中国国家图书馆代表中国积极参与有关国际组织的活动，但目前国际交流的范畴大多限于图书馆界内，是依托于基础业务而开展的。要利用图书资源优势做好中华文化的国际推广工作，一方面要通过主动策划学科国际学术会议、图书馆界合作交流项目等方式，加强学科领域交流，提高在国际图书馆界的地位；另一方面要扩展国际组织平台的外延，在国际文化组织等相关领域中寻求合作，更多地代表中国发出声音，依托文献资源，将以文献信息为载体的中华文化通过更多渠道开展推广。

（4）构建基于文献资源的国际文化联盟

根据国际区域文化的趋同性，中国可牵头联合区域内国家级图书馆成立区域性文化联合体，比如尝试筹建亚洲图书馆文化推广联盟，以凸显亚洲地区图书馆的国际影响力。在其他领域，区域性联盟合作也很多见。

第三节 图书馆教育职能管理与建设

一、现代图书馆的教育职能

现代图书馆的功能概括起来主要有四个：一是搜集和保存人类文化遗产；二是文献的整序；三是文献信息的传递；四是开发智力资源，进行社会教育。

智力资源的开发，一是开发馆藏文献资源；二是启发用户智力，培养用户的科学思维。前两个功能可以说是实现教育功能的必要条件，而文献的传递、开发智力资源、进行社会教育本身就是发挥教育功能的教育活动。

图书馆教育功能的特征就是在实现教育目标时的特有途径，具体可以表述为教育手段静态与动态的统一、教育方法主动与被动的统一、教育内容无限与有限的统一以及教育形式封闭与开放的统一。

从教育手段上看，图书馆以馆藏文献的组织和传递服务为主要手段来发挥教育功能。初层次的文献动态性表现为整本书刊的流通阅览；深层次的文献动态性表现为对文献内容的开发和利用。图书馆人员和用户在开发利用文献的过程中，从原始文献中萃取知识单元，加以精化和重新组合，使之处在最活跃的状态，进而内化进入用户的知识结构，起到被吸收利用的功效。从传统教育方法上看，通常的课堂教育，教师是主体，学生被动地听讲解、受教育。在图书馆，用户则是主体，用户进不进图书馆，看这本书或看那本书，完全处于主体、主动地位。因此，学生在图书馆最能发挥主观能动性，进行独立思考，以汲取知识、开发智能。然而，面对学生用户的主体和主动地位，图书馆不是无所作为、听其自然，而要发挥自身的主动性，引起用户对图书馆的兴趣，吸引用户来图书馆，积极进行导读和参考咨询服务。图书馆对用户的主动引导还有其特殊性，区别于教师在课堂教学中带有强制性的教导，图书馆对用户是从属的、友好的引导，毫无强制之意。在友善引导、潜移默化中提高学生的学习效益。所以，对于用户这个主体，图书馆虽处于被动地位，但又要主动发挥教育功能。

从教育内容上看，图书馆藏书丰富、广泛，人们常用"汗牛充栋""知识的海洋"来形容。在非综合类的院校，即使其教学内容是专科性的，但图书馆仍然具有丰富的藏书，可以说古今中外、天地万物、无所不包，这是图书馆教育内容的无限性。但是，图书馆的馆藏总是有限的，用户的时间、精力和阅读范围也是有限的，这就形成了图书馆教育内容的有限性。在这无限性和有限性之间，图书馆要为用户在书海中导航，指导用户掌握检索文献的技能，引导用户阅读最需要阅读的书刊，在无限之中求有限，获取最佳的学习效果。

从教育形式上看，传统的观念常把图书馆的活动局限在馆舍之内，服务对象也限于本校师生。这种封闭型的观念和格局已经逐渐被冲破。几十年来，图书馆不断深化改革，创造了许多发挥教育功能的新形式。随着社会信息化的发展，图书馆的服务从馆内扩展到了馆外，甚至向校外用户开放。这样多样化的活动形式，使图书馆的教育功能从单一、封闭型向多样化、开放型发展，使图书馆在培育人才的活动中不断增强其地位和作用。

综上所述，从春秋时期的王宫藏室，到后来官民参半的藏书楼的兴起，从唐宋时期书院的萌芽，再到近现代图书林、图书馆的大量涌现，在其曲折而漫长的发展过程中，我们发现任何形式的藏书楼与图书馆都无不建立在其教育功能的基础之上，尤其是今天的图书馆，更是将教育功能推到一个前所未有的高度。

"藏用一体，育人为旨"，真正实现了集人类成果、传社会文明，播思想之星火，生智慧之光芒。当下图书馆教育功能的不断拓展，不仅成为现有教育途径与方式的一种有效补充，更为人的终身教育与全面发展奠定了坚实的基础。

二、图书馆教育职能的演变

教育本质和教育手段认识的深化，影响和促进了图书馆教育功能的转变。图书馆教育功能的主要内容是图书馆支持学校实现其教育目标的功能，体现为围绕教学活动收集、整理、储存文献信息，并根据用户需求以外借、阅览和参考咨询等形式提供这些信息，这些功能要素构成了图书馆对学校教学活动的主要贡献。传统图书馆的教育功能强调的是"以书为本"，即提供书刊文献资料来履行传授单一知识的智力教育功能，而现代图书馆的教育功能主要体现在配合学校教学和科研工作的需要，强调的是"以人为本"，即以开发人的智能为目标，履行传授学习、掌握知识能力的教育功能。前者是"授人以鱼"，后者是"授人以渔"，两者在内涵上是不一样的。随着我国教育体制的改革和发展，图书馆的教育功能也在发生变化，这种变化不是简单的对传统图书馆教育功能的抛弃，是在原有基础上的进一步拓展和深化。

（一）馆藏文献建设的变化

馆藏文献发生了巨大变化。记录文献的载体从最早的甲骨、竹简、羊皮等到今天出现的电子文献，无处不打下人类智慧的烙印。新型电子文献出版增加了现代图书馆馆藏的内容，以纸张为载体的文献形式不再单一，已经出现磁盘、磁带、光盘等电子文献与纸型文献并存的局面。图书馆的馆藏含义将会进一步拓宽，凡是图书馆提供的各种载体的文献均可视为图书馆的馆藏，图书馆各种载体形式的文献收藏将向多元化方向发展。同时也使传统图书馆在观念、传递文献方式、业务工作内容方面发生了变化。

（二）数据化和网络化建设的变化

图书馆的传统教育功能是被动的文献保障功能，已有被网络商业服务所取代的危机，这种危机感激励图书馆为强化自身功能而进行探索与创新。

21世纪是知识经济化、信息网络化、教育终身化、学习社会化的时代，社会环境的需求和信息技术的支持，拓展了图书馆发挥教育功能的教育模式、教育内容和教育目标。建立依托数字图书馆的教育网络平台可以使教育的实施快捷便利、方式多样、内容深化，是新世纪图书馆发挥教育功能的新途径。通过网络教育平台的建设以及整合信息资源、搭建交流平台、评价学术信息，达到完善知识传递系统、促进学习型社会的形成、促进文化的交流与创新的目的。

从网络技术角度讲，因特网是计算机的一个集合，它以TCP/IP网络协议进行数据通信，把全世界众多的计算机网络和计算机用户连接起来，使原本分散在成千上万台计算机上或限制在局域网络上的信息资源，可以方便地相互交流。其主要功能有信息交流、网络通信、资料检索等。随着网络的飞速发展，人的交流能力和认知能力同时得到发展，个人不再是被动的接受方，而是可以自主地组成虚拟社团，比如常见的论坛等。网络已经成为人们日常生活、学习、科研活动不可或缺的内容，在网络世界，用户不受时空限制，使资源共享成为现实。网络融文字、声像、动画于一体，使用户在获得所需信息的同时能得到美的享受。借助网络，大学生可在瞬息之间了解世界各地发生的重大事情，其交流与沟通也打破了时间和地域的局限，既开阔了视野，又扩大了生存和发展空间。网络还将教学由课堂扩展到图书馆以至宿舍，由校园延伸至社会，学习者可永不毕业，从而促进了教育的社会化和终身化。中国教育与科研网于 1995 年通过国家技术鉴定并投入使用，目前已形成了以清华大学为中心和总出口，西北、西南、华中、华南、华东、东北、京津等八区九所院校为接点，连通部分的立体的网络结构。通过中国教育与科研网，用户可在因特网上访问世界著名的泛应用，图书馆在原有的馆藏基础上大多筹建了声像室、电子阅览室等，为用户提供了大量计算机、视听等设备来辅助阅读，并且利用因特网页面发布搜集到的各种信息资料、数字化馆藏资源等，通过开设文献检索课等多种教育途径指导用户阅读，培养用户多方面的能力。

现代图书馆的教育模式不仅要传授单一的知识，而且还要帮助用户掌握良好的学习方法和科学研究方法，即"以人为本"，培养人对各种信息的获取、分析、处理的意识和能力，体现在"授人以渔"的智能开发教育模式上。现代图书馆的教育，由传统单一提供文献资料的服务式教育拓展为培养用户能力的课堂式教育。

在传统的图书馆里，提供给用户的往往只是大量的原始文献以及简单的一次、二次文献的编制。随着机读目录的出现，数据库技术和用户信息需求向纵深发展，现代图书馆将从以文献为单元的信息加工模式转向以知识为单元、以信息和数据为主体的信息加工模式，并借助计算机网络和其他信息技术使信息产品获得充分传递。现在图书馆不仅保持着传统的内阅、外借及书目查询等浅层次的信息服务，同时还积极参与教学科研建设，开发网络信息传递，情报检索，课题查新，编制二次、三次文献等深层次的服务内容。

学校常规课堂式教育的目标主要是偏重于传授专业知识和专业技能，而扩大学生知识面、培养"一专多能"的复合型人才的素质教育则要靠图书馆来完成。因此，现代图书馆的教育目标不仅仅是配合学校课堂教育、辅助学生完成学业的需要，更重要的是帮助学生拓展知识面，培养学生的自学能力、研究能力、思维能力和创新能力。具体表现在：一是对学生进行获取各种信息的意识和能力教育，包括印刷型文献资源的检索、数据库的检索、网络信息资源的检索等；二是对学生进行分析、处理、驾驭各种信息的能力教育，包括对信息的分类、筛选、取舍、利用等；三是对学生进行创新能力的教育，包括对信息的辨别、问题的分析、学科前沿的了解以及创新意识的培养等。

综上所述，网络信息为图书馆教育功能的发挥提供了一片硕大无边的信息海洋，从而引发了一场学习的革命，从本质上讲是引发了教育的革命，使学习型社会的形成具备了物质技术基础。与此相适应，网络环境下的图书馆也要创新服务模式，更好地发挥教育功能。

图书馆的教育功能就是配合学校教学、科研工作的需要，对学生进行智力开发、综合培养，使其成为社会主义现代化建设的合格建设者和可靠的接班人。

图书馆的教育功能包括以下几个方面：一是配合学校德育工作，进行大学生的德育教育；二是配合学校教学的具体目标，进行专业教育；三是配合学校培养人才的总体目标，进行综合教育；四是进行文献、情报信息教育。

第七章 图书馆人力资源管理与馆员职业生涯规划

第一节 图书馆工作人员的教育培训

人力资源、天然资源、资本、技术及管理能力都是推动现代经济生产的要素。其中原料、设备、资金的短缺，皆可能在短期内设法解决，唯有人力资源必须经过长期的培养才能彰显其功效。

目前组织经营环境急剧变化，以往的管理制度与经营理念也必须顺应环境变化，做适度的调整。现在的管理者除了应发展学习型组织外，更应重视组织内的人性因素，在考虑各种环境因素转变的基础上发展配合人员与组织需求的管理形态已经成为当务之急。因此，在衡量内、外环境因素之后，根据理论与工作实际的需求建构组织最适合的人力资源管理形态，并配合策略性人力资源管理的理念及手法开发人力资源，已成为组织最受重视的课题之一。

企业是由"人"所组成，人力素质的良好是企业提升生产效能和效率的关键。所以，就企业经营而言，其重要职责莫过于拟定具有前瞻性、多元性及系统性的人力资源发展策略，全方位地培育人力，以维持既有竞争能力及竞争力，才能求得永续发展，进而为企业打下深厚的经营基础。

人力资源发展指通过人力资源的学习活动，包括针对目前工作上所应提供的培训、未来发展所需的活动以及个体本身需要的教育课程。人力资源发展包括培训、教育和发展，其最终目的在于促进组织绩效和个人的发展。一般而言，所谓的发展即通常所谓的"三C"，即能力（competence）、承诺（commitment）和变革能力（capacity for change）；具体而言，人力资源发展的基本要素包括有效的领导、参与和良好的沟通、强调绩效的管理及适当的奖励、培训制度。自 20 世纪 90 年代以来，组织竞争的压力加大，技术的改变加快，产品的不确定性程度愈来愈高，组织的生存及成长在于是否能够认知这些因素并做出适当的反应，并且在它们自己现有结构限制下拓展新的市场。因此，组织必须选择最佳的策略，以配合它们在市场上的产品价格与市场定位。然而，如果员工无法动员起来，企业还是会失败。

有效的员工培训可增加组织的能力，激励组织成员达到组织目标。松下幸之助曾说"要制作产品前，先培训人才"，换言之，要有好的产品及好的服务，必定要有好的人力资源。因此，人力资源的素质高低是企业能否达成永续经营的关键。

一、图书馆开展馆员教育培训活动的必要性和意义

（一）教育培训对图书馆经营与发展的必要性及重要性

教育是长期性、广泛性、全面性、发展性的学习工作，重点在"知其然"；培训则属短期性、专业性、功能性的学习，重点在"知其行"。狭义而言，教育与培训是组织或企业促使员工学习与工作有关的知识与技能，以改进其工作技巧与工作绩效，进而达到组织目标的一项工作。

图书馆必须重视教育培训的原因如下：

1. 科技的更新与发展

图书馆学是一门不断变动的科学，图书馆的功能和服务随社会变迁而不断调整，图书馆收集、储存及传递资料的方式也受科技进步的影响而不断改进。从传统的印刷载体到视听、缩影载体，再到今日的电子载体，都大大地改变着图书馆的服务模式。图书馆工作人员必须不断学习，方能与时俱进，充分借助新科技及多媒体方式提升服务效能，满足社会大众的阅读需要。

2. 读者服务的多元化

图书馆为各年龄层的民众提供服务，各年龄层及各种类型民众的信息需求皆不相同，且随社会变迁愈趋多元及复杂。近年来，民众的终身学习意识逐渐加强，走进图书馆"充电"的人越来越多，图书馆服务人员必须充分了解民众的学习需求，提供多元化服务。因此，加强教育培训可以培养馆员对民众信息需求的认知度，并进一步提供能够满足其需求的各种图书馆服务。

3. 质量的保证与提升

民众对服务质量的要求已不再局限于企业界、产业界及民间服务业，

对政府机构亦然。国内外图书馆对服务质量的重视日益增加，除要求服务的标准化外，对服务内涵的期望也很高。因此，通过教育培训培育馆员良好的专业技能与服务态度能够维持并提升服务质量。

4. 企业文化的建立与调适

图书馆设置的目的在于配合地方或社会特性及需求，提供图书信息服务。因此，其功能与角色随着社会变迁及教育、经济、政治的发展情形而不断调整。为使每个阶段的任务、目标及工作方向明确，很多图书馆在调查社区概况及需求、分析图书馆本身的优势与弱势条件后，制订本馆策略计划或中长期计划以作为工作的依据、馆员的工作目标及规划业务的准则。因此，应借由教育培训让员工了解图书馆的价值及愿景，凝聚共识以适应不同时代的环境变迁，努力完成任务，以期达到既定目标。

5. 新的市场竞争优势策略

网络及通信科技急速发展，使信息得以以全球化的规模流通，信息服务业如雨后春笋般在民众生活、工作及学习上扮演重要角色。传统的图书馆服务形态受到高度冲击，如何适应新的市场竞争趋势，拟定优势策略并让全体馆员依策略方向努力，有赖教育培训的实施。

6. 生产力的提升

经济和社会的发展促使现代图书馆的功能及角色增多，不断推出多项创新的服务措施，然而因编制总额的限制，各新增业务难以扩增编制人员额数。因此，如何使有限人力发挥最大效用，提高服务质量和效率以提升生产力，除改善工作方式、运用高科技设备外，培养员工在标准化作业制度下有更丰富、更高质量的生产力并保持高质量服务，甚至顺应民众需要提供更多个性化服务，这有赖于良好教育培训制度的建立。

（二）图书馆开展人力资源发展的目的

1. 培养馆员接受新的工作知识和技能

图书馆运行受到社会发展的高度影响，不论是信息科技、企业管理、学术传播，还是读者服务等方面的新观念和实际运作模式的发展都会影响社会各界和图书馆读者的期望，进而对图书馆服务造成新的冲击。因此，为了能提供符合时代发展的创新服务，图书馆必须通过教育培训培养馆员新的专业技能。

2.引导馆员积极的信念和价值观

大部分馆员对于工作的态度可能是只求做好分内工作，按时上下班，对读者毫无服务热忱，对组织愿景亦无感觉。因此，如何让员工本着专业的信念重视图书馆服务的价值，积极主动为读者服务并有亲切热忱的服务态度就显得非常重要。只有通过教育培训，才能使馆员了解专业的核心价值、图书馆服务的理念，使其认同并内化为自己的服务内涵。

3.使新进馆员迅速适应组织文化

为使新进人员了解各项业务内容和工作程序，尤其是组织的运作方针和服务质量的要求，必须尽快给予教育培训，使新员工熟悉工作内容并适应组织文化。

4.稳定馆员的工作绩效

每个馆员的工作能力和工作态度不一样，其工作绩效亦不相同，为使图书馆的业务顺利推进，使各项绩效保持稳定的高水平，图书馆必须定期实施教育培训，使员工的工作绩效稳定和提升。

5.提高馆员的工作能力

为使馆员具备良好的工作方法和解决问题的能力，及时了解读者的需求并提供令其满意的服务，图书馆必须通过教育培训，使员工的工作能力逐步提高，工作能力提高了，服务质量自然会提升。

二、图书馆的人力资源发展策略

为了解决人力资源的问题，除积极向上级机关申请增加组织人员编制名额外，在管理上还需要领导者制定若干沟通及激励措施促进人力资源水平的发展。最重要的是，在教育培训制度的建立、课程内容的充实及实施方式的改善上也要采取必要策略。

第一，加强图书信息相关课程内容的开展与教育，提升员工专业知识和技能。

第二，加强计算机技能类课程的培训，培养年龄较高、非专业人员及教育程度较低的馆员的计算机检索技能。

第三，多开展创意类课程，培养馆员自主思考改进业务运作并提出解决方案的能力。

第四，加强人际关系、服务礼仪、读者公关及情绪管理的相关课程建设，放松馆员工作情绪，改善馆员服务态度。

第五，加强流程标准化及与服务质量相关的课程设置，维持业务流程的一致性及提升服务质量。

第六，加强服务价值、政策、规定的倡导及培训，强化馆员对专业服务价值的认知和对各项措施的了解。

第七，通过远距离线上教学方式解决组织分散、轮班人员参训不便的问题。

第八，制订年度培训实施计划，并于年初排定本年度课程，方便员工及早规划时间。

第九，为使一线部门轮班的工作人员方便参与培训，分次在上半年及下半年分别实施培训和教育，让轮班馆员依轮班情形选择合适时间参加培训教育活动。

第十，将馆员参加教育培训情况列为年终考绩及晋升参考。

第十一，运用社会资源支援教育培训活动，解决经费、设备、专长人才不足的问题。

三、图书馆员工教育培训实施情形

每年，各级图书馆针对本馆情况规划多元化教育培训课程，其教育培训对象、教育培训办理单位、教育培训办理方式、教育培训主题内容如下：

（一）教育培训对象

图书馆的教育培训课程依馆员情况不同分别设置不同课程，馆员可分为下列五种人员：

1. 新进人员

图书馆针对新进人员开设的教育培训以全馆业务介绍为主，目的是让新进人员迅速进入工作状态，熟悉业务流程。

2. 主管人员

图书馆针对主管人员举办的教育培训着重于领导统一与沟通技巧、决策与执行、质量管理、公共关系等方面，以期主管人员能更好地带领馆员顺利推进业务进展。

3. 业务人员

公共图书馆针对业务人员工作性质不同安排不同的教育培训，针对编目人员、参考咨询人员、网站维护人员、阅读推广人员，根据其不同的工作性质培训有相应的侧重点。

4. 项目计划参与人员

图书馆推动新的项目计划时，参与人员如需特殊专业技能，可单独安排教育培训或参观学习课程，使专项活动方案顺利推进。

5. 全体馆员

随着科技的进步、专业的发展、社会的变迁，图书馆应规划本馆不同发展时期的相关课程，全面提升馆员专业知识技能，推动创新业务，更好满足读者需求。

（二）教育培训委托机构及单位

图书馆的教育培训活动大多是本馆自行解决，除此之外也可借助专业培训单位或兄弟馆的资源，委托开展教育培训，方式可分为下列四种：

1. 委托主管机关或辅导机关开展相关教育

国家图书馆、省立图书馆、政府文化部门以及各县市政府文化局，都负有辅导权责范围内图书馆开展教育培训活动的任务，开设各种教育培训课程即为其辅导方式之一。

2. 本馆自行培训

图书馆根据业务需要，依托本馆专业力量自行开展教育培训活动，课程内容包括读者服务、技术服务、信息服务、质量管理教育培训等诸多类别。

3. 委托专业培训单位开展相关教育培训

第一，由具有图书馆学教学资历的系所规划图书馆专业发展课程，接受专业培训单位办理委托，课程内容包括专业基础理论、服务营销、管理、法律、计算机、创意思考、服务礼仪等。

第二，图书馆派馆员参加各培训机构及各级学会组织的教育培训活动，其课程内容包罗万象，如计算机、信息质量管理、古籍整理等。

4. 参加专业学术机构举办的教育培训活动

图书信息相关系所、专业学会、大型图书馆等单位经常举办教育培训活动，图书馆亦可派馆员参加有助于馆务发展及专业成长的会议。

（三）教育培训办理方式

各公共图书馆培育人才的方式因图书馆规模大小、资源多寡而有不同，另外受主管机关相关政策和要求的影响也有所差别。以我国而言，大型公共图书馆根据业务发展需求及人力资源的现况，大多制订有一套内部整体的教育培训计划，规定新进人员、一般馆员及不同岗位馆员的教育培训课程种类及小时数，上海市图书馆的做法颇值得借鉴。

一般而言，图书馆开展教育培训举办的方式很多，根据教育培训内容选择合适的方式，介绍如下：

1. 专业讲座

为加强图书馆员的专业技能，可举办"图书馆专业知识讲座"，以提升服务质量。

2. 社会活动讲座

从推动阅读国际交流、营销管理、创新机能、人文素养人才和信息服务人才培训着手，由点至面，连成图书馆创新服务的目标。另外，为推广全民阅读，结合各级图书馆资源开展阅读推广相关活动，将阅读习惯生动带入社区民众生活中，开展"银发族亲善阅读师资人才培训""女性推动阅读人才培训"及"推动社区阅读领导人才培训"等讲座活动，提升全民阅读技巧，营造浓厚阅读氛围，养成阅读学习好习惯。

3. 观摩示范及标杆学习

为提升图书馆员专业技能，可经常安排图书馆员外出学习取经，参加地方举办的阅读推广研讨活动。观摩学习活动的开展不仅有利于馆员看到服务有待改进的地方，促进业务技能的提升，有助于图书馆工作的高效流畅，还能促使馆员通过学习交流找到自身不足，通过学习提升个人素质，获得更多的荣誉和成就，是一个双赢的选择。

4. 国外参访

为了吸取其他先进国家图书馆经营管理的经验，也可在适当条件下派馆员出国访问。

5. 国内外进修

在国内，可派馆员前往国内具有图书馆学相应学位授予资格的进修学校，或参加图书馆学方面的短期培训课程；也可选择政府或各级基金会提供的公派人员出国访学专题研究，或由馆员自行办理留职停薪，到国外攻读硕士学位。

6. 开展图书馆学期刊文献阅读活动

图书馆也可由本馆具有较高学历或专业能力的馆员定期挑选图书馆学专业图书期刊，选择适合本馆馆员阅读的图书馆、信息、管理方面的专业文献，供全体馆员传阅，让馆员随时掌握图书馆专业发展趋势及时代脉动，充实新技能。

7. 全面推行远程教育系统，号召馆员自主学习专业公开课，提升专业技能

目前许多 OA 免费资源向社会公众开放，供公众学习和阅读。图书馆应加强此方面的宣传和引导，让馆员在工作和生活之余利用碎片化时间开展自主学习，通过使用 OA 资源，不断提升自身专业素质。

8. 馆员专业文献读书会

图书馆可组织馆员开展专业文献读书会活动，由馆员自由参加，读书会自行选择阅读书单，定期聚会讨论，通过文献阅读和心得分享彼此交换意见，偶尔可安排参访阅读主题相关的机构及文化。例如，为培养馆员具备全面质量管理、专项管理、读者满意经营、品质圈等观念，并对理论与实践活动有所了解，可以特别选定相应专业的图书，由馆方统一购置，提供给馆员读书会进行研读讨论，并在年初计划部署在本年度内邀请图书馆理论或业务相关的专家授课，提升馆员的专业理论，并落实在日常工作中提升服务质量。

（四）教育培训的主题内容

图书馆的教育培训课程主题可归纳为下列四种：

1. 专业技能培训

开展专业技能培训可以让馆员的专业知识随着专业的发展与进步不断提升，如图书馆读者研究、图书馆读者信息寻求行为、图书馆经营管理、网络资源利用与收集、电子资源采购、图书馆典藏管理等多种研习班。

2. 质量管理培训

该类课程主要进行 ISO 简介培训及内部稽核培训等，可以为馆员灌输质量管理概念及品质管理方法与知识，让馆员对读者服务系统和标准化工作系统有所了解。

3. 工作中的教育培训

该类课程针对现职馆员在执行工作时需有的工作能力、专业知识与技

能给予教育培训，以胜任现职，提升工作效率。如图书馆硬件现代化设备的使用操作及维护培训、硬件维修 DIY 培训班、中文图书分类编目、连续出版物分类编目、数据库检索与利用、公文写作等培训。

4.自我启发教育培训

该类课程是针对馆员一般常识、情绪控制及生活技能的增进所实施，如人际沟通与情绪管理讲座、英文基础班及进阶班、优质团队组织等。

（五）需求调查与课程效果评价

图书馆各类教育培训开设成效及员工学习成效应由课程规划部门或单位实施量化细则，为后续持续开设及改进课程或授课方式提供借鉴参考。

第一，针对课程的教学内容、教学方式、授课讲师及现场授课等项目进行量化评价。

第二，根据课程性质和授课方式不同，采用问卷调查、现场旁听、听课人员小测验、实际工作应用等方式予以评价。

第二节 图书馆志愿服务人员的教育培训

有效的培训是图书馆运用义工的要素之一，国内义工管理及开展活动效果较好的图书馆大都能体会义工培训的必要性，而在新义工入职迅速开展职前培训和在职培训则是义工培训的较好方式。义工教育培训的重要性包括增进义工对图书馆工作环境及业务的认识；增进义工对志愿服务伦理及精神的了解；增进义工对图书馆组织的认同及加强与组织的联系；传承资深义工的经验及增加义工间的联谊。

一、义工教育培训的目标

一般而言，义工教育工作的目标是启发受教者自我成长与自我实现，因而义工培训应该着重于启发义工自我成长的动力，以尽其所能把志愿服务工作做得更好，这是义工培训的最终目标。因此，义工的教育培训应该把握下列三个目标：

第一，认知志愿服务的内容。

此目标在于协助义工尽快认识服务的环境，及早进入工作状态。

第二，熟练志愿服务的技巧。

此目标在于协助义工尽快掌握并熟练应用服务所需的方法和技巧，以提高服务质量。

第三，激发志愿服务的精神。

此目标在于协助义工体会"为善最乐、服务最荣"的真谛，促其真心投入图书馆志愿服务工作。

二、义工教育培训的策划

（一）培训需求的评估

培训前的需求评估需要调研义工对教育培训内容的需求，或义工在工作方法和流程中遇到的问题，以此规划培训课程内容和教学活动。

（二）培训课程评价

培训后由课程规划部门或单位实施量化评价，为后续开展培训活动及改进授课内容及方式提供借鉴参考，义工参与教育培训课程的情况作为录用、续用及推荐评奖的参考。

评鉴内容：针对课程的内容、教学方式、授课讲师及会场等项目进行评鉴。

评鉴方式：针对课程性质，采用问卷调查、现场旁听、对义工进行小测验、应用实际工作情况等方式。

（三）培训课程的设计

义工培训的课程分为基础培训与特殊培训两种。基础培训课程是志愿服务的基础公共课程，目的是协助义工了解志愿服务的基本理念。目前，基础培训课程主要包括志愿服务组织体系设计、志愿者团队与心理建设、志愿服务工作伦理与价值、重新发现志愿精神、志愿者的情绪管理、志愿者的积极心理品质、全国志愿服务信息系统管理与应用等多门课程。特殊培训课程则由各运用义工的组织依其实际需要自行制定。

（四）授课教师的选择

志愿服务课程的授课教师选择具有一定专业素养，有丰富实务经验者为佳；另外，授课教师本身应或多或少有义工的一些人格特质，不仅能在主题领域灌输义工相关知识，而且要能通过其人格特质影响义工。

（五）培训经费的筹措

义工培训的经费可能来自多方面，主要包括本机构编列的预算、申请上级补助、申请民间团体赞助。此外，寻求相关单位合办或委办义工培训，也可以节省一定的经费。

三、义工教育培训的办理方式

义工的教育培训方式有专题演讲、分组讨论、研讨会角色扮演、实务操作、网络教学、录像教学等多种方法，可以灵活运用，让义工培训的方式更多姿多彩，满足义工在学习上的多元兴趣与多元需求。图书馆较常开设的义工教育培训方式如下：

（一）专题演讲

演讲或讲述适合用于阐述理念或传达信息，是一种被广泛使用的方法，也是一种经济有效的教学方式。例如，可为义工开设如何在图书馆整理图书、排架、在窗口久坐办理借还书手续时保持正确的姿势以避免疼痛和伤害的课程。

（二）分组讨论

是由授课教师引导义工对某些主题进行讨论的一种学习方法，也是激发学员思考和练习表达能力的一种教学策略。例如，针对游民、偷窃、暴露、占位、精神异常等问题读者的处理有很多不同的方法，通过分组讨论可分享不同的处理经验，并激发产生更有创意、更有成效的处理方法。

（三）参观教学

参观相关机构或其他志愿服务团队的运作，也是义工培训一种常见的方法。

（四）阅读资料

就一般情况而言，即使同一机构的义工，其年龄、教育程度、义工经验及职业背景也可能有所差别，义工的个人需求和兴趣因人而异，因而在集中培训之外，还可以考虑提供相关的书刊、资料和网络教学，鼓励义工自主学习。

（五）讲座和研讨

讲座和研讨是图书馆较常采用的义工培训方式，通常讲座研讨的内容包括工作经验分享、认识图书馆、走动式信息指引服务、共享性数据库的推广和使用技巧、图书馆技术服务、快乐学英语、心灵成长与终身学习等。

四、义工教育培训的对象

图书馆针对志愿服务的内容不同，招募不同条件、不同专长的义工，每种志愿服务工作有不同的服务内容，所需的知识和技能也不同。因此，针对不同工作内容的义工应举办专门的教育培训活动，使参与的义工更能投入工作，让其工作成效更符合图书馆需要。

五、义工教育培训的开展方式

（一）自行开展义工培训活动

义工的教育培训大部分由图书馆视本馆需要和本馆人才情况自主开展，根据本馆馆员和专业人才特长开展相关培训课程。

（二）参加专业学术机构开设的义工培训课程

针对特定的目标或任务，专业学术机构也开设志愿服务人员的培训课程，图书馆可鼓励或推荐义工参加这类教育培训课程。

（三）参加各地方政府和其他机构开设的义工培训活动

随着国家对义工工作的重视和管理的逐步规范化，各地方政府和其他公益组织根据业务需要，规划和开设义工教育培训活动，这类教育培训活动一般规模比较大、管理规范、师资力量强，图书馆可鼓励或推荐义工参加。

六、义工教育培训的主题内容

图书馆所举办的义工教育培训课程可分为以下两类：

（一）志愿服务观念认知方面

如志愿服务的内涵、志愿服务发展趋势、志愿服务伦理、志愿服务法规的认识、自我了解及自我肯定、志愿服务经验分享等。

（二）图书馆及信息检索的知识技能方面

这类课程主要为了增进义工对图书馆功能的了解、对各服务流程的熟悉、对各种图书资源的运用、对计算机的检索及资料运用能力。主要包括图书馆专业知识，如参考服务、阅览服务、采编业务、阅读推广服务等，并针对不同服务项目和服务技巧设计不同课程及内容，让义工能充分掌握图书馆工作的环节和内容。信息素养和网络技能，包括计算机检索与利用、复印设备及打印设备的日常使用和维护、文献检索入门、WPS公文处理系统的应用、图书馆网站利用和检索、收发 E-mail 等。

人力资源质量是图书馆良好运作的关键，而教育培训又是提升人力资源质量的重要方式。一个组织或机构只要重视员工的教育培训，重视建立学习与提升组织文化，多制定相应的激励机制鼓励员工学习，为员工提供充足的学习机会，就一定能不断创新，提高服务质量和业务绩效。

图书馆已逐渐发展为学习型组织，一方面提供给民众各种学习资源及学习机会，另一方面针对内部人力资源的发展，评估组织特性及人力资源结构，积极规划各类教育培训课程，以期借教育培训，让馆员及义工不断成长成熟，不断提升专业技能和自我修养，提高图书馆服务质量。

第三节 图书馆员自身专业生涯管理

要想开展高质量的管理和评估，人的因素是必不可少的，尤其是专业技能强、沟通方法多的图书馆员。他们是一个图书馆良性运转的基础和直接推动者，图书馆员做好专业生涯管理，将大大推动图书馆全面质量管理的落实和发展。

一般而言，图书馆员的专业生涯规划有三个阶段：

第一个阶段是在进入图书馆学专业学习之后，针对未来将从事的服务类型设定目标后，在课程的选修及研究专题上加强该领域专业技能的培养。

第二个阶段是在大学及研究生毕业后，对于职场生涯的规划，如继续深造、参加就业资格考试或进入图书馆工作。

第三个阶段则是接触图书馆实际工作后，个人对于专业生涯持续发展的评估及进阶规划，如认为专业技能不足，持续接受相关的教育培训；如工作性质不符合个人志趣，或发展受到限制，则转往其他领域发展。

在国内谈专业生涯规划似乎有点勉强，原因有三：

一是国内图书馆学系的专业教育大都是通才教育，并未针对公共图书馆馆员、专门图书馆馆员、大学图书馆馆员、中小学图书馆馆员等各种类型图书馆的馆员进行培养，提供针对不同馆员的相关课程。也未针对想从事特定图书馆服务的学生，如儿童图书馆服务、参考服务、信息服务、学科馆员、阅读推广、残疾等特殊人士服务等，依不同工作性质，提供不同的课程，供学生依兴趣选择未来的专业生涯，培养自己的相关专业技能。

　　二是我国的各类型图书馆，如国家图书馆、大学图书馆、公共图书馆、学校图书馆、专门图书馆，大部分属于政府机构，必须通过公务员招考、事业编招考，具备公务人员资格才能进入这些公立图书馆工作。于是，具有图书馆学专业学科背景的人仍须具备公务人员资格，才能在这些图书馆工作。即使一个人在学校修习了读者教育、读者心理、图书馆服务、阅读推广、图书馆经营管理、沟通与交流、图书编目等课程，也不一定有机会成为一个图书馆员。而未具图书馆学专业学科背景的人，如果取得了公务人员资格，也能在公立图书馆工作。这造成真正有理想、有抱负、有热忱的专业人员不一定能进入图书馆工作。而经考试招录进来的非专业人员，必须再经若干年实际工作磨炼及专业课程教育才能对图书馆工作有所了解。

　　三是即使进入图书馆工作的人具有图书馆学专业学科背景，但图书馆的晋升渠道缺乏，职位并未依专业工作设计且职称较低，工作人员较难在图书馆体系内顺利晋升，一遇有其他较好的工作机会，往往选择跳槽，导致图书馆人才流失。笔者在图书馆管理阶层常常见到馆员跳槽的情况困扰图书馆的发展，尤其是公共图书馆开放时间长、工作繁重、人力少，读者复杂、不易应对，因此，流动率较其他类型图书馆高，一有机会馆员通常会毫不犹豫地跳槽至政府单位或大学图书馆、专业图书馆。图书馆成为人才的培养所，且总是在培养新人，而在生手、新手上路的情况下，如何维系服务质量，更是管理工作的重要课题与挑战。

　　在职场上，有的人热爱目前的工作，喜爱目前的生活状态，充满活力及上进心；也有许多人老是想换工作，觉得目前的工作无聊、没有成就感、工作内容一成不变，对工作、同事、读者，甚至是自己都感到不满。在如此受到限制的图书馆专业条件下，如何规划及发展馆员的专业生涯，如何重新帮助馆员树立合理的人生目标、规划职业生涯、塑造专业价值，让工作充满色彩与意义，实现组织与个人双赢的局面，值得图书馆管理层用心思考。本节将以图书馆员为对象，界定生涯与生涯规划、帮助生涯规划的要素、图书馆的专业环境及图书馆员的专业态度与技能。

一、生涯规划的界定

（一）生涯与生涯规划

生涯是生活中各种事件的演进方式与历程，统合个人一生中的各种职业和生活角色，以及由此表现出个人独特的自我发展方向。生涯是一个人由出生至死亡，一连串有酬或无酬的职位与生活角色的综合，包含家庭、学校、社会、国家中的各种角色，以及哲学、人文、经济、政治、科学、休闲等多方面的内涵。简言之，生涯是个人一生的职业、社会与人际关系的总称，也是个人终身发展的历程，包含个人生活中食、衣、住、行、育、乐各方面的活动与经验。

"生涯"强调个人生命历程中经历的一系列职业和生活角色的总和，而"规划"强调目标明确、计划执行与成效评估，依序进行。故生涯规划以辅导学的角度观之，意指一个人对生涯的妥善安排，在此安排下个人能依据各计划要点，在短期内充分发挥自我潜能，并运用环境资源以达到各阶段的生涯成熟；从组织管理的角度观之，是一个人据以制定前程目标及规划，达到目标的方式方法，重点是协助员工在个人目标与组织内实际存在的机会之间达到更好的结合，且应强调提供心理上的成功。生涯发展从辅导的角度来看，是通过社会、教育以及辅导的努力，协助个人建立实际的自我观念，且熟悉以工作为导向的社会价值观，将其融入个人价值观体系内，并借由生涯选择、生涯规划及生涯目标的追寻加以实现，并使个人能有一个成功美满并有利于社会的生涯；从组织管理的角度来看，是组织为确使具备适当资格经验之人，当组织需要时，便能派上用场所采行的任何正式途径。

（二）生涯规划的要素

各种专业领域的发展及就业市场不同，使从业人员规划生涯时所面对的问题和思考的方向或有不同，然而应注意的事项及应秉持的原则是共通的，许多生涯规划专家学者提出各种步骤、方法、程序、策略，供有意规划自身专业生涯的人士参考。生涯规划的四个基本要素如下：

1. 审视自己

这项要素即是"知己"的功夫，指个人对自我充分的认识与了解，包含自我的能力、价值观、抱负水平、性格与兴趣等。首先，审视自己目前的专业处境，现在的工作是否为十年前你所设定的目标，什么是你现在的目标，这十年来有无改变，为何改变，是否仔细思量过，这些目标更加增强了或变弱了。其次，确实写下所考虑的事项，并且与想要达到的目标相比较，或与羡慕的对象相比较，以两三句写下个人的整体、长期目标，并尽可能集中，不要列太多。主要关心的事情可能包括安全（经济或工作）、职位（一个特别的职业、与特定组织的协作关系）、收入、地理位置，每一个想法、感觉或印象的记录都是私人的，务必诚实记载。最后，列出对现在工作绩效有显著正面及负面影响的因素，列出优势和弱势在特定处境所占的比例，将个人特点及能力（幽默、讨厌编目、缺乏组织性）的优势和弱势列一张清单，并请朋友或同事也随列一张同样的清单，比较结果。

对图书馆而言，如果工作时间是个人非常在乎的问题，则必须了解图书馆的开放时间及各种不同性质工作的上班时间。一般而言，编目部门及行政部门人员上班时间是正常朝九晚五（上午八时至下午五时三十分）；而阅览部门、流通部门及参考部门则必须配合图书馆的开放时间，人员实行轮班方式，因此晚上及周末假日都有轮班的可能；阅读推广部门则视活动的举办时间，也经常在周末假日加班。

如果工作性质是个人较在乎的问题，则必须考虑自我的性格与兴趣，有的人喜欢与人互动的工作，有的人喜欢有创意的工作。害羞内向的不适合一线服务工作，活泼外向的不适合编目工作。有的人不善处理读者问题，而图书馆每天必须面对形形色色的读者，有的讲理、和气、友善，有的则挑剔、要求多，有的时候甚至要处理精神异常的读者，尤其在毕业季的图书馆，即将毕业的大学生有离校的不舍、初入社会的焦虑、找工作的不顺利和毕业延迟等各种情况在情绪上的反应，往往会影响馆员与读者间的互动，如果情绪管理欠佳，担任一线服务的工作难免发生与读者冲突的事件。如果能做一份学以致用又符合自己性格及志趣的工作，自然能较为投入和持久。

图书馆工作需要有一颗温柔的心、忍耐的心、热忱的心，能设身处地为读者着想，又怀抱着专业使命，希望通过自己的工作，带动更多人喜爱阅读，让社会阅读风气更加浓厚，也希望能为在工作、学习及生活上有信息需求的人解决疑难问题，吸引其经常利用图书馆，了解如何利用图书馆。

2. 审视环境

这项要素即是"知彼"的功夫，指个人对外在环境的认识与了解，包含教育的权利、工作的机会及政治、经济、社会、文化环境的认识与探索。审视对你的生涯选择有影响的环境因素，如经济、家庭、工作、组织、专业投入或教育、咨询顾问、竞争等。

3. 支撑系统

外在的支撑系统指帮助个人完成生涯规划与人生梦想的外在基础资源，以及帮助个人实现生涯目标的家庭、社会、社区等人脉、资产、知识、宗教，或超知识的支援系统。

4. 抉择和行动

这项要素指个人能做正确适宜的决定和行动，包括资料收集、分析、比较和选择，从而寻找最合适的发展途径。首先，列出想要的所有机会，不管目前是否有条件达成，列出每一个选项的优缺点，并对照自身的优势及弱点以及环境，分析每一个选项的风险，这些风险是自己认为的风险，是在做决策时会产生的影响而非科学化分析的结果。其次，选择一项最能接受的项目，写下之所以选择的理由，如果其中一个理由是它的风险最低，但对那份工作并无热爱，最好另做其他选择。

最后，根据要达到的目标，势必要进行一些规划。如何达到年度目标及五年目标，确定你的行动是按照正确的顺序，列出你要做的项目及可能涉及的人，尽可能完整地叙述他们的任务，尤其是他们的支援与合作关系。估算每个部分的期程，包括开始的日期及完成的日期。生涯规划中很重要的是个人的价值观，世人衡量工作的好坏往往以薪资、福利、职位、升迁及组织形象等条件为重，钱多事少离家近是很多人的期望，唯有对专业领域人员而言，专业工作的成就感及满足感并非从上述条件即可获得，必须是个人在专业领域的学以致用、个人对专业的贡献，以及个人通过工作对社会所产生的贡献程度而定。

二、公共图书馆员的专业环境、工作性质及馆员的专业技能

（一）我国图书馆员的专业环境

图书馆是由政府或私人设立为全民开放使用的机构，图书馆设置的目的在于配合地方或社区特性及需求，收集、整理、保存与利用文献资料，提供图书借阅、参考咨询与推广辅导等服务，以发挥开展社会教育、提升地方文化、传播知识信息与倡导正当休闲生活的功能。我国图书馆的类型从公共图书馆、高校图书馆、专业图书馆，到各县市立图书馆、文化局图书馆、乡镇图书馆，规模大小不一，服务对象均为全体民众，包括儿童、青少年、成年人、残障人士以及学校和机关团体。各图书馆提供的服务视其规模、空

间、人力及经费条件而有所不同，馆藏阅览及外借是图书馆最基本的服务，也是最重要的服务。此外，大型公共图书馆除提供借阅服务外，亦提供参考咨询服务、推广服务、视听服务、信息服务、特殊读者服务及儿童服务等。图书馆的开放时间依图书馆设立及管理、性质的不同而有不同的规定，各馆的差异性颇大，图书馆的人力资源普遍不足，因此大多利用社会资源以志愿服务方式协助图书馆运作。在人员编制方面，大致分为三类，包括负责阅览、典藏、参考、咨询、推广、流通、采编等业务的专业人员；负责后勤、统计、人事等方面业务的行政人员；负责计算机、信息、网络环境、工程、水暖、机具操作等业务的技术的人员。乡镇图书馆工作人员多称管理员，县市文化局图书馆则有组长、干事、助理干事、书记等职务。图书馆的职务大部分需要公务员资格，先由考试选拔，再由图书馆面试具有资格的人员。由于图书馆在我国政府体系中层级较低，乡镇图书馆隶属于乡镇公所，人员由乡镇公所调派，县市图书馆则多属于县市政府文化局，业务由文化局负责，直辖市立图书馆同样非属一级单位。人员职务低，工作繁重，流动频繁。

（二）图书馆员的专业技能与特质

传统上，对图书馆员专业技能的认知较局限于馆藏发展、图书选择采访、分类编目、读者服务、参考咨询、计算机技术等图书馆核心工作的相关知识和技术，而对其他涉及人际沟通、服务规划、质量管理、读者心理及满意经营、营销及募款、阅读环境设计及氛围营造等方面的知识，则相对欠缺。尤其是面对各种挑战及环境变迁的各种冲击，读者需求越来越个性化，亦越复杂。加上图书馆经营观念的落后，图书馆借着传统的图书信息服务，势必无法完全应对。因此，学者专家纷纷对新环境下的图书馆员应具备的专业技能和个人特质提出建议，有助于从事公共图书馆工作的馆员借由参加在职进修及继续教育课程提升专业技能。

1. 专业技能

通过整理相关文献的观点提出新环境下图书馆员应具备的专业技能如下：

计算机及网络技能；

良好的人际交往技巧；

认知及培训方面的研究方法等相关知识；

心理学知识；

熟练的技术；

信息政策发展及分析的相关知识；

综合的能力；

了解及形成组织中图书馆员角色的能力；

具有与多元文化和种族团体一起工作的技能和敏感性；

财政及策略规划的管理技能；

视觉沟通技能。

另外，在信息技术技能方面，有四项重要性持续增加的核心技能：

信息检索的技能；

读者协助及读者教育；

质量保证；

管理的技能。

2. 个人特性

除了以上所列的专业技能外，图书馆员还应具备下列个人特性：

政治敏锐性；

果断力；

危机处理能力；

良好的执行力；

在模糊不确定的工作氛围下执行工作的能力；

根据发展态势正确定位与更新个人及组织工作目标的能力。

（三）儿童图书馆馆员的特质与专业条件

公共图书馆的服务对象不限年龄，儿童读者是其中非常重要的读者群，儿童服务也是公共图书馆重要且受重视的服务项目。然而好的儿童服务必须有优秀的儿童图书馆馆员，儿童的身心尚未成熟，在图书馆利用、阅读兴趣的激发及阅读习惯的培养上都需要有专业人员引导及协助。因此，儿童图书馆馆员除应具备一般馆员的专业技能及特质，尚需针对其服务特性及服务对象有专属于儿童图书馆馆员的资格、条件及特质。

三、图书馆专业生涯的态度

生涯规划不仅是追求成功，而且要懂得付出、懂得关怀、懂得树立实现自我价值的人生观。在人生的历程中，每个阶段处境不同，面对的问题亦不同。重要的是，在人生的每个阶段，如何面对挫折、面对困境、面对各种挑战，如何解决问题。与其好高骛远，倒不如先认识自己的优势，了解自己的缺点，勇敢把握方向。

（一）专业技术 VS 专业态度

专业技能包括专业技术与专业态度，目前社会上普遍缺乏的就是对专业态度的正确了解，许多人拥有"专业技术"就目空一切，无法与人共事。或者见异思迁，无法尽忠职守，甚至只要与主管理念不合，还能把公器当私产，做出违背社会或国家利益的事情。所以，当我们在追求专业技术的同时，必须了解与技术同样重要的一个人工作上的专业态度，不要忘记越文明的社会就越要注意对人的尊重，因为尊重别人才是尊重自己、尊重职业的第一步。

首先是对读者的尊重，图书馆是提供图书信息服务的机构，读者的满意是我们服务的最终目标。我们必须重视读者的需求，在图书馆馆藏布局、服务态度、馆舍空间布置等方面都要处处从读者角度考虑，以最佳的服务赢得读者的信任与满意，这不仅是对自己专业的尊重，也可以赢得读者对图书馆员的尊重，肯定图书馆的服务价值，彰显图书馆在社会上的重要地位，塑造良好的图书馆专业形象。

（二）深度学习

图书馆学是一门不断发展的学科，也是一门不断成长的学科，受信息科技及网络发展的影响，图书馆收集、处理、保存及传递信息的方式在不断改变。在现今社会，图书馆扮演的更是一个学习型组织的角色，提供给民众终身学习所需的各种学习机会及学习资源。因此，图书馆必须与时俱进，方能满足民众现代多元、复杂的需求。此外，由于图书馆是一个提供"知识"产品的组织，为了能更好满足读者的需求，图书馆员除了不断充实专业知识外，更应多涉猎各类书籍、学习各种知识，以期为读者提供更精细、更有内涵的服务。

学习是永无止境的，大多数人很容易在工作中自满。工资的多少与职位的高低其实并不一定与专业技能成正比，只有用谦虚的态度，放下身段，不拒绝一切学习，相信工作历程中有学不完的东西，这样我们才能不断进步。

（三）人文素养的培养

人一盲目追逐就没有时间思考，也不可能将自己浮躁的心沉下来，而要培养优雅的气质，首先就必须培养人文素质，通过人文素质使自己的心境清明宁静。培养人文素质除了经常接触音乐、艺术、文学、哲学、史学，陶冶及修身养性外，还应进一步系统地阅读相关书籍吸收知识，提高自己的欣赏水平，建立某领域的深度素养或可成为第二专长。

（四）精确的管理时间

每个人每天都有 24 小时，然而运用的方法不同，结果也是迥异的。预定计划是有效运用时间的重要一环，计划做得越周详，完成工作就越容易且越快，有效地运用时间即是在适当的时段做适当的工作。有些工作需要全神贯注地投入，不能分心，有些工作则无须太多的注意力就可完成，甚至在同一时段可以同时进行两种以上的工作。每天可利用的时间有限，当发现实在有太多工作需要处理时，须重新考虑是否每项工作都必须亲自处理，有效地授权有利于工作的完成。

（五）创造不可取代的优势

金饭碗、铁饭碗的时代已经过去了，从目前经济环境瞬息万变的状况来看，即便今天是有保障的单位也不代表明天的保障。所以，重新认识自己，审视自己生存的条件，不但要有专长，还要有一个以上的专长；不但工作要能专精，还要创造自己不可取代的条件。在图书馆，可就有兴趣的主题领域发展第二专长，研读专业文献，不断提高理论水平，发表文章，提升专业成就感。此外，外语能力、美术设计、网页制作、组织策划、活动主持都是很多领域需要的专长，具备这些专长就具备了更大的发展空间。

（六）学习面对失败，不要害怕改变

21 世纪的图书馆员要勇于尝试新的挑战，新的挑战是给自己的磨炼及学习的机会，也是培养自己处理危机以及解决问题的机会。唯有改变，才能激发工作的热情，如果不接受挑战，就无法学习，不能学习就无法成长。有强烈的企图心才能有好的机会，尝试创新必定会遭遇阻碍与风险，这正是累积经验与提升能力的最好机会，过程也许会遭遇失败，但所拥有的经验却是独一无二的。

在图书馆专业生涯规划中，有一项非常重要的指标就是专业定位及服务价值的肯定。图书馆员在人们心目中代表的是专业、博学、亲切，对人们的疑难问题有帮助、乐于协助社会民众进行学习、愿意帮助弱势及有障碍的

民众的人。然而在国内，由于图书馆人力经费资源不足，影响图书馆事业的发展及各项建设，民众对图书馆的印象多停留在图书馆的借还服务及图书馆是休闲阅读场所，加上开放时间长、工作繁重、民众需求多元复杂、读者文化程度不一，影响了图书信息专业人员选择其作为个人职业生涯的意愿。图书馆经营者如何改善此种情况，营造较佳的专业环境，塑造良好的专业形象，吸引更多有理想、有抱负、有热忱的专业人员投入图书馆的服务行列，愿意在工作条件及待遇都较其他类型图书馆为差的情况下，提升图书馆的服务质量，使其在民众生活、工作及学习中扮演重要角色、产生深远影响，共同推广全民阅读以及利用图书馆的习惯和技能，是值得重视的课题。

　　生涯规划的基本目的除了帮助个人实现其就业目标，获得一个适才适所的工作外，更希望能充分发挥个人的潜能，使现代人能在生理、心理、社会和经济上都获得最高的满足。对于专业人员而言，在规划生涯时应先确定生涯目标，清楚自己的志向、兴趣及专长，并对图书馆专业环境及服务形态深入了解，进而选择适合自己且能发挥专业技能的工作；另外，对于图书馆员应具备的专业技能和态度加以认识，了解自己的不足之处，亦有助于掌握自我发展的方向。总而言之，在职场上随时保持工作热忱，不断求新求变，持续学习，充实自我，提升自我的竞争意识，方能追求个人专业发展的最理想境界。

第八章 图书馆组织文化与公共关系及危机管理

第一节 图书馆的组织文化

一、建设图书馆组织文化的必要性

组织文化是一个从企业管理领域中发展起来的概念，因此最初被称为企业文化。企业文化的研究现在已突破了企业的范围，扩展成为各个领域中的组织文化研究。图书馆文化、图书馆组织文化的研究也开始被提上日程。但关于这一方面的研究还主要是以传统的图书馆为出发点，对于世界范围的组织文化研究重视不够。图书馆未来的发展方向是复合图书馆，它的建设需要对传统图书馆做出重大的变革，变革的成功需要多方面的积极配合，建设良好的、适应现代社会发展的组织文化对图书馆来说具有非常重要的作用。

图书馆的组织文化是指由图书馆领导倡导的、图书馆全体成员共同遵守的、在图书馆内代代相传的文化传统、价值观念、信念理想、道德规范、行为准则、管理制度、工作作风、历史传统、风俗习惯、典礼仪式以及图书馆组织形象的总和，它贯穿于图书馆的各个领域。

图书馆的组织文化是代代相传的，并不是因为我们现在开始研究才有的，传统的图书馆组织文化是与图书馆的传统形态相适应的。首先，在与读者的关系上，不是重视读者需求的满足，而是重视自己。读者至上、读者第一的口号喊了多少年，但无论是文献资源的采购、信息的加工处理、服务项目的开展，还是内部组织机构、业务流程的设计，几乎都是从图书馆自身角度出发，很少考虑读者的需求，图书馆员把自己看作图书馆的主人，面对读者高高在上，提到重视读者好像只要服务态度好一点就可以了。其次，在内部人员关系上，被重视的是领导而不是员工；在部门的关系上，关心的是本部门的利益，而不是部门之间的合作。领导与员工之间完全是上下级之间的命令式关系，缺乏平等的交流，领导大权在握，工作人员没有接受授权，无法充分发挥工作的积极性、主动性。小团体本位思想严重，部门设置过于繁复，不仅降低了工作效率，而且大部分部门更关心自己部门的利益，忽视了全馆的整体利益。再次，在工作中不是注重实际的成绩和工作质量，而是重视数字指标的完成；不是重视个人的能力，而是重视工作年限。工作作风拖沓，工作效率低，只关注自己那一小部分的工作内容，合作意识差。最后，安于现状，缺乏变革的勇气和决心。很多图书馆改革只是兴起于一时，过后又回到老路上去，对现代信息技术应用迟缓，跟不上时代的要求，社会形象差，没有吸引力。

对图书馆的传统组织文化问题，虽然以前没有予以专门的研究，但图书馆的传统组织文化是确实存在的。这种组织文化与未来图书馆的发展方向是背道而驰的，它的力量越强大对图书馆的未来发展也就越不利。组织文化具有惯性，一旦形成不容易改变。当图书馆中的员工已适应了图书馆的传统组织文化后，就会对之感到理所应当，对外界环境的变化感觉迟钝，即使是图书馆的领导看到了环境的变化并做出新的发展战略，传统的价值观念、道德规范、行为准则、管理制度、工作作风也会阻碍新战略的施行。此外，传统的组织文化还会导致对新思想的扼杀。共同的价值观念、思维方式会导致图书馆人员对外来文化的排斥，表现为只关注自身，认为自身的一切都是对的、有道理的，这将会不利于图书馆适应外部社会的变化，不利于图书馆的自身发展。因此，改变传统的、落后的图书馆文化，建立新的、适应社会变革的图书馆文化是图书馆文化建设的主要任务。

建立良好的图书馆组织文化对图书馆的未来发展具有重大的促进作用，其表现大致如下：

①导向作用。图书馆建立良好的组织文化会引导图书馆按照自己的价值观向着奋斗目标行进，更好地发挥社会作用，实现社会职能。图书馆最根本的价值观将会确定图书馆的长期战略、服务方针、发展方向，将会影响到图书馆工作的方方面面，如图书馆的发展方向、读者目标群的选定、文献资源的建设、服务项目的开展、内部人力资源的管理以及领导工作的开展等。只有建立起健康向上的组织文化，图书馆才能在现代社会中立足。此外，健

康向上的组织文化将引导图书馆员工树立正确的世界观、人生观、价值观，引导他们将自我行为与图书馆的整体目标协调起来。

②激励作用。良好的组织文化有利于营造和谐的人际关系、温馨的组织气氛；有利于增强图书馆人员之间的信任与理解，加强人员之间的合作；有利于给员工建立一个良好的工作环境，使图书馆的全体员工都感觉到自己是组织的一分子，爱岗如家。每个人都有归属感和爱的需要，良好的人际关系会对图书馆员工产生更大的激励作用，这种激励效果用金钱是买不到的。良好的组织文化还有利于图书馆工作人员接受图书馆的战略目标，将个人的发展与图书馆的发展结合起来，达到图书馆和员工双赢的目的。

③协调作用。组织文化的建立使得组织成员拥有基本相同的价值观念、思维方式、行为准则，这些相同之处有助于图书馆员工在工作中协调一致，统一行动。图书馆是社会的一部分，它的生存和发展离不开社会，良好的组织文化有利于图书馆协调与社会之间的关系，获得更大的发展空间。

④效益作用。健康向上的组织文化是良好的组织形象的保证，图书馆建立积极向上的组织文化，有利于改变社会对图书馆的传统认识，有利于图书馆树立新的组织形象，吸引更多的用户和读者，赢得社会公众的支持和政府的重视，获得更多的投入，争取更大的发展机遇。良好的组织文化还有利于图书馆吸引更多有识之士参与和加入，为图书馆的发展做出贡献。

二、图书馆组织文化的特点和内容

（一）图书馆组织文化的特点

1. 稳定性

组织文化是长期形成的，有一个渐进的过程，它一经形成就具有一定的稳定性。图书馆传统组织文化在图书馆中具有很强的力量，虽然不适应现代社会的需要，但要想对它进行变革也不是一件简单的事，不仅需要领导层的大力推进，还需将变革长期坚持下去，才能取得一定的成效。

2. 开放性

虽然组织文化具有稳定性的特征，但绝不是一成不变的。图书馆所处的社会环境已经发生了巨大的变化，图书馆组织文化所赖以生存的社会文化、社会观念也有了变化。图书馆要想在现代社会中继续生存下去，必须建立开放型的组织文化，在不断吸收其他先进文化的过程中保持自身文化的生命力和活力，还必须使自身的组织文化在与时代潮流的持续磨合中历经适应—变革—创新—新的适应这一循环往复的过程，确保图书馆永远走在时代潮流的前列，积极响应社会对文献信息的需求。

3. 整体性

组织文化是综合、立体和全方位的，它的作用体现在组织中的所有成员、所有部门、所有活动之中。组织文化是组织中所有员工共同认同的价值观念、共同倡导的道德准则、共同遵守的行为规范，不仅对老员工如此，对新来的员工也是如此。因为一个新的员工来到该组织，要想得到组织的承认、获得自身的发展机会，就必须采取和组织一致的价值观念。组织文化的影响是潜移默化、无处不在的，体现在组织的所有活动之中，不仅影响着组织的表面形象和活动，而且影响着组织的根本价值观以及对人对事的根本看法。

4. 独特性

每个组织都有自己的历史、类型、性质、规模、人员素质等，因此每个组织在自己的历史发展过程中，都会形成具有组织特色的价值观念、道德准则、行为规范等，也就是说，每个组织的组织文化都应具有鲜明的个性和独特性。图书馆与一般的企业有着本质上的区别，图书馆是公益性组织，不以营利为目的，促进社会信息交流和开展社会教育是图书馆最根本的两大职能，为最广大的公众提供服务是图书馆的宗旨。因此，图书馆的组织文化绝不同于一般以营利为目的的企业。即使是图书馆之间也存在着类型、服务群体、规模、地域上的差别，因此每个图书馆都应根据自己的特色建立组织文化。在一定条件下，这种独特性越明显其凝聚力就越强，如果这种组织文化与图书馆的发展战略相适应，就会对图书馆起到不可低估的正面作用。

5. 继承性

所谓继承性包括两个方面：一是指组织文化是对社会文化的继承；二是指每个组织成员对组织文化的继承。每个组织都处于一定的地域范围内，组织的成员必然会受到当地社会文化的影响，组织只有在全民族共同认可的风俗习惯范围内选择培养组织文化，才能够最大限度地调动组织成员的积极性、创造性以及工作热情。组织文化是组织成员共同拥有的财富，更是所有成员行为的规范和法则。每个成员要想在一个组织中求得发展，就要不断学习所在组织的文化。新的组织成员对组织文化的不断学习，使得这种文化一代代传下去，从而表现出了继承性的特点。

（二）图书馆组织文化的内容

1. 共同的价值观

价值指的是主体的需要以及客体对主体的满足。价值观是指个人或群体对主体需要以及客体意义的总的看法和根本观点。主体不同，价值观也就不同。组织的价值观是指组织对自身的本质特征、最终目标以及为达到最终目标所采取的行动的根本看法。一个组织的价值观是组织内大多数成员所认同的，它是组织文化的核心。图书馆价值观应该强调图书馆在社会中的存在价值，强调图书馆的生存基础是建立在对社会文献信息需求充分满足的基础之上的。图书馆必须遵循读者第一的原则，为适应不同类别的读者重组组织结构，为给读者提供更快的服务重组业务流程，为响应现代读者不同的文献信息需求拓展服务空间，为适应读者的习惯加工信息等等。图书馆还必须树立以人为本的观念，重视工作人员的作用，要认识到人力资源是图书馆的一项重要战略资源，要为员工提供基本的物质保障、良好的工作环境、和谐的人际关系、充足的发展空间，要提高员工的工作满意度，采取各种措施调动员工的工作积极性。

2. 行为规范

行为规范是指群体所确立的行为标准，可以由组织正式规定，也可以是非正式形成的。图书馆为了做到别具特色，需要规范自己的行为，影响组织的决策和行动。图书馆领导要注意开发与培育图书馆的文化，按照所期望的方式影响工作人员的行为。如图书馆中对服务语言的规范，限时服务的开展，各种规章制度、奖惩条例等。

3. 信息传播网络

组织文化的信息传播网络是指一个组织用来传播组织文化信息的渠道，它可以是正式的，如通知、广播、组织内部刊物、会议等；也可以是非正式的，如组织中的非正式管理者的口头传播、小道消息等。图书馆要建立良好的组织文化，必须重视各种传播渠道的作用。一般来说，同一条信息由于采用的传播渠道不同，产生的效果也不尽相同。图书馆应使信息在馆中得到有效传播，实现信息资源的共享，保证广大普通成员对有关本馆、本职工作的信息的获取。

4.形象与形象性活动

形象是指可以表达某种含义的媒介物的客体或事件。文化形象是表达有关基本文化与智力的含义。在组织中，形象也用来表示组织的共同信念、价值与理想。组织可以运用形象或形象性活动的方式创造组织文化。在图书馆中，可被采取的形象与形象性活动主要有：树立榜样，如服务标兵、项目带头人；开展形象性活动，如举行各种典礼、仪式；设计图书馆的形象性标志，如馆徽、馆旗等。

三、图书馆组织文化的建立

为了适应新的形势，图书馆的组织文化需要重新设计。图书馆需要开展调查研究，一方面，了解时代的变化与当今图书馆所处的社会环境、图书馆在社会中的位置；另一方面，要了解同行的动作，借鉴其他馆的有益经验。通过调查研究，图书馆要明确自己的定位、发展方向和未来的长远目标。组织文化的设计要符合图书馆的战略要求，要确定图书馆文化的核心理念，并根据这个理念设计奖惩制度、行为准则以及形象性标志，然后通过图书馆领导的大力推进和身体力行，通过不断地与工作人员进行沟通，通过培训教育、开展活动、树立榜样以及日常的管理工作，将图书馆的组织文化渗透到图书馆的方方面面。图书馆组织文化的建立不是一次性活动，它是一个长期的行为。在这一过程中，需要注意以下几个方面：

（一）根据图书馆的战略目标，确定图书馆组织文化的核心理念，树立正确的组织价值观

复合图书馆是图书馆未来的发展方向，图书馆组织文化的设计要围绕它来进行。未来图书馆要为信息社会的到来做出贡献，要促进社会信息的交流和利用，保证人人平等获取信息的权利，保证社会公民终身教育的开展。因此，图书馆的组织价值观应把用户放在第一位，把为广大公众提供信息保障作为自己的责任。人力资源是图书馆的核心资源之一，对未来图书馆竞争优势的建设起着关键作用。因此，图书馆内部要树立以人为本的观念，重视每一位工作人员的价值，关心他们的需求和发展。

（二）设计行为准则和奖惩制度

管理者对人们的行为做出什么样的反应，这是组织成员十分关注的。通过设立业绩、行为评价制度可表达组织的价值观和行为规范，引导组织

成员的行为。图书馆的行为准则和奖惩标准应是确实对高绩效的行为给予奖励，而不是像传统做法那样基于工作年限来进行奖励。

（三）图书馆领导的大力支持

组织文化的建设需要领导的倡导和重视，领导者的形象就是组织文化的缩影，领导者的日常行为就是组织文化的反映，领导者在日常工作中对组织文化的态度会对组织文化的推广起到极大的作用。只有领导者将组织文化贯彻到自己的行为、语言、工作中，从小事做起，普通员工才会意识到组织文化的重要性，才会逐步接受组织文化并应用到实际工作中。

（四）沟通的重要性

图书馆的高层管理者只有与广大员工加强信息沟通，才能将崇高的理想传递给他们，激发他们工作的积极性，进而在图书馆内部形成一致的价值观，形成有自己特色的图书馆文化。同时，图书馆的高层管理者还必须时刻关注每一位工作人员的需求，只有这样才能根据组织特点，建立符合本馆需要的组织文化，也只有这种富有特色的组织文化，才能对图书馆的发展起到良性作用。

（五）广泛开展培训教育

教育培训是组织文化渗透的最积极主动的途径。图书馆要对新、老员工开展培训，将图书馆的组织文化贯彻给员工，如图书馆的发展史、成就、创始人和英雄人物的事迹、馆训、组织理念、规章制度、行为规范乃至衣着礼仪、接物待客的言谈举止等。

（六）广泛开展活动

图书馆开展领导和员工共同参加的各种活动是渗透组织文化的又一途径。领导者可以通过共同活动，言传身教，传播组织文化，也可以通过开展各种集体活动，促进成员之间的交流，增强彼此之间、上下级之间的感情，使大家协调一致，接受共同的价值观。

（七）树立榜样

树立榜样是建设组织文化的重要方法。组织文化是抽象的，模范、榜样是具体的、生动形象的。通过模范、榜样，可以使组织文化具体化、形象化，成为看得见、摸得着的东西。模范人物的品质、言行、经历及卓越贡献在组织内外广泛传播，一代又一代地传颂，成为人们效法的榜样，从而使组织文化渗透到人们的大脑和行动中去。

（八）加强日常管理工作的渗透作用

组织文化不是只有在举行活动时才体现出来，它的建立必须通过频繁的日常管理工作进行推广。同时，组织文化一旦建立，也必将通过各个组织成员的日常工作反映出来。组织文化是通过长期战略规划、组织的目标体系、组织的行为规范和规章制度渗透到各个部门、各个组织成员的工作中的，组织文化只有通过日常管理活动的反复传播、渗透，才能成为全体成员的共同思想和自觉行动。

第二节　图书馆形象塑造

一、图书馆形象概述

（一）图书馆形象的概念

图书馆形象是指图书馆的内外公众对图书馆整体的、概括的、抽象的印象和评价，它标志着公众对图书馆的了解和认可程度，是公众舆论对图书馆、图书馆行为及其工作成果的反映，具有丰富的文化内涵。图书馆形象是图书馆的外在表征，这种表征是由图书馆的内在质量所决定的。因此，图书馆形象是图书馆的总体素质的反映，是图书馆素质信息的自我表现与传递。图书馆形象具有多种构成要素：

1. 信息资源形象

信息资源是图书馆开展工作的基础，也是读者利用图书馆的根源。资料丰富、内容新颖、类型多样、有自身特点的信息资源体系是保证读者信息需求的根本，也是树立图书馆良好形象的源泉。

2. 人员素质形象

读者到图书馆首先接触到的是图书馆工作人员，读者要想充分利用图书馆，必须要和工作人员打交道。拥有高尚的思想道德、良好的精神风貌、高超的业务水平、广博的文化知识、热情的服务态度、严谨的敬业精神和优雅的个人教养的工作人员是图书馆重要的战略资源，这一切都有利于提高读者的满意度，有利于树立图书馆的良好形象，有利于图书馆的长期发展。

3. 信息服务形象

包括服务项目和服务质量，能反映一个图书馆为读者服务的实际工作能力，是构成图书馆形象最实质的要素。根据读者需求开展合适的服务项目，提高服务质量，会给读者留下良好的印象。

4. 信息产品形象

图书馆的信息产品包括图书馆加工制作的书目工具、二次或三次文献、述评、综述、调查报告、专业数据库等。高质量的、符合社会需求的信息产品将会给图书馆带来良好的社会效益，会使社会公众提高对图书馆的评价。

5. 环境建筑形象

读者来到图书馆，首先会对图书馆的外部观瞻和内部环境留下印象。图书馆建筑大方美观、环境整洁高雅、标识系统清晰完整，能够引起读者强烈的兴趣，给读者留下良好的印象。

6. 领导人的社会形象

对于外界社会来说，图书馆的领导也是图书馆的形象代表之一，他的个人形象在某种程度上会影响到公众对图书馆的评价。学识丰富、风度翩翩的领导人会受到公众的欢迎，对图书馆良好形象的树立起到积极作用。

（二）树立图书馆良好形象的必要性

近年来，我国的经济建设快速发展，而图书馆作为一种公益性事业却举步维艰：经费不足，发展缺乏保障；人才流失严重，留下的人员士气不高；信息资源老化，核心藏书残缺不全，不成体系；设备落后，对最新信息技术应用迟缓，工作效率低下；建筑陈旧，环境设施破损严重；管理体制僵化，服务项目开展不完整，工作态度不热情，社会职能履行不完善，效益发挥不出来。所有这一切导致了图书馆落后的社会形象的形成，而落后的社会形象又加深了图书馆面临的危机。社会对图书馆越发不加重视，上级领导对图书馆的投资不足，图书馆从业人员得不到应有的尊重，读者人数日渐减少。因此，树立良好的图书馆形象，已成为当今图书馆的当务之急。

图书馆良好的社会形象是图书馆巨大的无形资产，对图书馆的发展将起到多方面的积极作用，具体如下：

1. 争取上级领导的重视，争取更多的支持和投入

图书馆作为一项公益事业，国家的财政支出是它的基本经费来源。要

想获得更多的经费投入，图书馆必须让上级领导意识到图书馆的重要地位。然而长期以来，有些政府领导人却忽视了图书馆的存在，认为图书馆可有可无。图书馆树立良好的形象，有利于改变有关领导对图书馆的态度，以期引起领导的重视，投入更大的力量进行图书馆建设。

2. 争取社会的支持与合作

图书馆是一项社会事业，它的发展离不开社会方方面面的支持。图书馆的良好形象有利于感召社会各方面加强对图书馆的重视，投身到图书馆的建设中。

3. 吸引更多的读者和用户

读者是图书馆的生命所在，没有读者的图书馆对社会就没有价值，也就没有存在的必要。图书馆树立良好的形象将会吸引更多的读者，图书馆也会在为更多读者服务的过程中实现自己的社会价值。

4. 吸引更多的人才来图书馆工作

图书馆树立良好的形象会使社会提高对图书馆的评价，使人才感到在图书馆工作是一件光荣的事，图书馆行业是一个有吸引力的行业。有了这样的形象，才会吸引更多的人才，使之成为图书馆发展的中坚力量。

5. 提高图书馆的凝聚力

图书馆良好形象的确立会增强全体工作人员的荣誉感，会增强图书馆的向心力、凝聚力，会促使工作人员以高昂的热情，团结一致，为搞好图书馆工作而尽职尽责。

（三）图书馆应具备的形象

1. 公益形象

图书馆是保证人人平等获取信息的公益性机构，公益性是它最基本的性质。在当今世界上，信息逐渐成为经济增长的核心，人们也越来越意识到信息的价值，信息的提供往往是收取费用的，并且信息的质量越高，收取的费用也就越多。图书馆的存在使得处于贫困状态之中的人也有获取信息的可能性，客观上缩小了信息鸿沟，这就是图书馆最大的社会价值。因此，图书馆要想在信息社会中获得长期发展，就必须保持自己的公益性质，树立公益形象，吸引广大公众利用图书馆。

2. 现代化形象

长期以来，图书馆在人们心目中一直是较为落后的形象，设备陈旧、资源老化、人员素质不高、工作效率低下等。图书馆要改变人们的这种观念，就要通过采用现代化信息设备、现代化管理方法以及具有现代意识和技能的工作人员构筑图书馆的现代化形象。图书馆只有树立现代化形象，跟上时代的步伐，时刻关注时代的发展和变化，才能保证与社会同步发展，并发挥其社会职能。

3. 高效精简形象

图书馆中人浮于事的现象已成为自身发展的一大障碍。图书馆只有树立现代管理观念，采用现代管理手段，精简机构，减员增效，使图书馆朝着组织扁平化的方向发展，才能充分合理地利用各种资源，提高工作效率。高效精简的形象是未来图书馆作为一个现代组织所必须具备的形象，否则图书馆就会遭到时代的抛弃。

4. 优质服务形象

图书馆必须把用户放在第一位，因此，为用户提供良好的服务是图书馆的首要职责，图书馆只有树立优质的服务形象，才能提高用户对图书馆的利用率，才能使用户对图书馆产生认同感和依赖感。在服务时间上，要争取做到天天开放，每天开放的时间应尽可能满足读者的需求；在服务对象上，要向更多的读者开放，提倡并推广免证阅览；在服务方式上，要尽可能多地实行开架；在服务范围上，要突破馆藏的范围，实行跨地区、跨省市、跨国界的馆际互借和文献信息的快速传递；在服务手段上，要充分利用现代信息技术，节省用户的时间；在服务态度上，要热情周到；在服务内容上，要根据用户所需，增加服务项目；在服务深度上，要大力开发文献信息资源，不仅为用户提供文献，还要为用户直接提供其所需要的知识。

5. 环境整洁形象

图书馆作为一种文化教育机构和信息服务机构，应该为用户提供良好的借阅环境，图书馆的建筑应典雅庄重、大方美观，馆中设施应清洁整齐、窗明几净，图书馆中服务人员应安静温和，不能大声喧哗，图书馆中环境应高雅整洁，带有浓厚的文化氛围。

6. 文献信息中心形象

图书馆是社会文献信息的中心，这是图书馆最重要的形象之一。促进社会信息的传播和利用是图书馆最基本的社会职能。图书馆要改变以往文献重藏轻用的状况，就要通过对信息的收集、整理、存储，提高信息的加工深度，不断推出高附加值的信息产品，促进有序信息的广泛传播和利用。为社会各行各业的广大公众提供信息保障，使人们意识到图书馆是一个信息的集散地，是拥有信息数量最多、提供信息服务最广、获取信息最便利的社会机构。

7. 社会教育中心形象

图书馆由于其公益性、拥有信息的广泛性以及读者对象的无限性，是开展社会教育的最佳场所。首先，图书馆为人们接受继续教育提供了信息保证。在图书馆中，几乎所有人都能找到所学学科的文献信息，都能得到图书馆的信息支持。其次，图书馆是一座没有围墙的大学，是所有公众的终身学校，图书馆在利用自身馆藏开展社会教育的过程中，对读者没有年龄、学历、财富、信仰、种族的限制，读者可以自由地选择所学的学科、学习的时间。因此，图书馆可以开展最为广泛的社会教育。

8. 地区文化中心形象

在一个地区，图书馆具有文化中心的特征，因此把图书馆放在文化设施的首位，有助于当地的精神文明建设，有助于保持当地的社会稳定，有助于帮助当地政府树立健康形象。

二、图书馆形象塑造

（一）CIS 理论

CIS 是英文 Corporate Identity System 的缩写，即企业形象识别系统，20世纪 60 年代初在美国产生，80 年代中期传入中国。关于它的概念不同学者有不同的看法，但核心思想基本上是一致的。它是指一个社会组织为了塑造自身良好的社会形象，运用整体信息传播系统，将组织的经营理念、组织文化和经营活动传递出去以显现企业的个性和精神，与社会公众建立双向沟通的关系，从而使社会公众产生认同感和共同价值观的一种经营管理战略。CIS 战略不同于组织形象，组织形象是社会公众对组织的基本看法，而 CIS 战略是在特定经营环境中设计和塑造组织形象的有力手段，为引导公众人士争取社会舆论的认同和支持，塑造良好的组织形象，提供了一种科学而又实用的理论与方法。简单地说，树立良好的组织形象是目的，实施 CIS 战略是实现这一目的的手段。

CIS 由三个系统组成，即理念识别、行为识别、视觉识别。理念识别是企业形象识别系统的核心，它反映了组织存在的意义和价值、组织的价值取向以及员工的道德规范和行为准则。它是得到社会普遍认同的、体现企业自身个性特征的、促使并保持企业正常运作以及长足发展的，反映整个企业最基本的价值体系；行为识别是指组织通过各种有特色的活动，将其与理念识别和视觉识别相互交融，得到社会公众的认同和喜爱，达到树立良好组织形象的目的。行为识别会在组织制度、管理体制、培训教育、行为规范、公共关系等活动中表现出来；视觉识别是将组织理念与价值观通过静态的、具体化的视觉传播形式，有组织、有计划地传达给社会，树立组织系统化的识别形象，给社会公众留下深刻的印象，是组织形象最直接，也是最直观的表现。

（二）CIS 理论在图书馆中的运用

1. 在图书馆管理中导入 CIS 的意义

图书馆必须树立良好的组织形象，而 CIS 战略是建立良好组织形象的有力手段和有效方式。图书馆传统组织形象的建立是不自觉的，公众在与图书馆的接触中或从其他信息传播渠道中获取与图书馆有关的信息，并从中得出对图书馆的评价。图书馆没有建立起自觉引导公众的观念，只是任凭图书馆的信息传递处于零散、盲目、扭曲的状态，很难给读者留下深刻而美好的印象。图书馆要打破传统的形象，树立适应现代社会需求的、给图书馆的发展提供动力的新形象，必须自觉应用相关理论，有目的、有计划地建立组织文化，引导公众形成对图书馆的良好评价。

CIS 战略为图书馆新形象的建立提供了有力工具。CIS 战略的基本功能是通过各种传播方式和传播媒体，将图书馆存在的意义、社会职能、基本准则、行为特点进行整体性、组织性、系统性的传达，以获得社会公众的认同和支持。CIS 战略将图书馆的价值观、长远目标等抽象内容进一步具体化，形成行为准则、奖惩条例、形象标志，并将之传达给社会公众，具有可实施性的特点。它可以帮助图书馆从口号中解脱出来，通过具体的行动来实现目标。CIS 战略还保证了图书馆信息的有效传递，结束了信息传递自发、盲目、零散、扭曲的状态，使信息传递成为一种自主的、有目的的、有系统的组织行为。良好的组织形象是不可能自发形成的，它依赖于图书馆长期的、有目的的、有计划的塑造与传播。在 CIS 战略理论的指导下，图书馆通过特定方式、特定媒体、特定内容和特定过程传播特定信息，把图书馆的本质特征、社会职能有针对性地传达给社会公众，引导、教育公众对图书馆形成认同感和信任感，支持图书馆的发展。

2. 图书馆 CIS 的构成

与一般意义上的 CIS 一样，图书馆 CIS 也由三个系统组成，即图书馆理念识别、图书馆行为识别、图书馆视觉识别。

理念识别是图书馆 CIS 战略的核心，它反映了图书馆最基本的价值体系。它是在图书馆的存在意义、社会价值、发展战略的基础上所倡导的与发展战略相适应的价值观念，具体包括图书馆的办馆宗旨、经营方针、组织原则、管理策略、馆风馆训、人员精神、标语、座右铭等。图书馆理念最令人满意的核心就在于树立读者至上和人本主义的观念，这种观念的确立将影响到图书馆组织结构、管理制度、行为规范、工作人员的培训教育等方方面面，并贯穿于图书馆的各项业务活动和信息服务工作中。最后，再由组织化、系统化、统一化的视觉识别进行传播，达到塑造图书馆形象的目的。图书馆的理念识别对外有助于吸引社会公众理解、信任、认同和支持，对内有助于推动工作人员形成共同的价值观、职业道德、行为规范，增强图书馆的凝聚力和向心力。

行为识别是理念识别的实施途径和实现保障，是图书馆理念诉诸计划的行为方式，涵盖了图书馆的所有工作领域和整个管理活动，具体包括图书馆的组织制度、管理体制、行为规范、奖惩条例、工作守则、教育培训、馆藏资源建设、馆舍和基础设施的维护、信息服务工作、公共关系等。完善的行为识别系统会充分体现图书馆的理念，并将有效地传达给社会公众，从而得到社会公众的认同。建立完善的识别系统最关键的地方在于它必须为全体工作人员认同和掌握，并在实际工作中反映出来。只有书面上的内容，而没有广大工作人员的执行，这样的行为识别设计是无效的。

视觉识别是图书馆理念的视觉化形象，是图书馆 CIS 战略最直接、最直观的部分。首先，它包括具有强烈视觉冲击效果、特色鲜明的图书馆标志、标准字、标准色、象征图形，以及在此基础上设计的图书馆的各种外观应用要素，如办公用品、交通工具、办公室装饰、户外宣传栏、员工制服等；其次，它包括图书馆的内部环境，如图书馆建筑、装饰、内部设施、照明设备等；最后，它还包括工作人员的职业形象、业务形象。良好的视觉识别设计将图书馆的理念浓缩为一种耐人寻味的寓意，突出图书馆的个性，将会给读者留下深刻的印象。

3. 图书馆导入 CIS 的步骤

为了提高效率和质量，必须建立和遵循一套科学的程序和步骤。具体地说，CIS 战略的导入可分为以下几个阶段：

（1）组建 CIS 战略管理小组

图书馆 CIS 战略的导入不是某个部门的责任，它涉及图书馆各方面的工作。由于动作很大，需要各部门的协调，因此这一过程需要图书馆中的高层领导来全力支持。馆中的高层领导亲自主持，然后选择精通业务、思维灵活的工作人员以及有关的外部专家组建 CIS 战略管理小组，全面负责 CIS 战略的调研、策划、设计和实施。只有这样，才能保证 CIS 战略实施的科学性，保证 CIS 战略成功地推行下去。

（2）分析图书馆的现状

图书馆 CIS 战略的导入必须依据图书馆的实际情况，充分考虑图书馆的自身特点。因此，在 CIS 战略导入之前，CIS 战略管理小组必须开展广泛的调查研究。在对组织进行全面、系统的调查，获得众多信息资料的基础上，客观、准确地分析和判断出本馆的历史、现状、内部的资源、所面临的环境以及在图书馆事业中的位置。依据本馆的实际情况与未来的发展战略相比较，寻找实施发展战略还不具备的条件，其中有关图书馆形象的差距也就是实施 CIS 战略需要解决的问题。

（3）明确 CIS 战略导入的目的，制订导入计划

图书馆目前由于形象不佳而导致了社会公众的淡漠、政府领导的忽视、读者人数的减少和内部人才的流失，这一现状是图书馆树立良好形象、导入 CIS 战略的压力和动力。这一问题的解决，也就成了导入 CIS 战略的目的和方向。在明确了导入 CIS 战略的目的和方向后，CIS 战略管理小组就要负责制订有关 CIS 战略导入的计划，其主要内容包括：统一 CIS 战略的实施目标，

明确主要行动内容、时间安排，编制 CIS 战略作业日程表；编制资金预算报告，确定从调研、策划、设计到实施所需的资金总额、投资的具体项目、适用范围和管理方法；草拟 CIS 战略导入的报告书或整体策划方案，提交组织最高决策机构讨论，一旦通过便成为 CIS 战略管理的行动纲领。

（4）开发设计 CIS 的三个系统

图书馆需要根据调查资料和 CIS 战略管理的行动纲领编制 CIS 战略导入与实施方案，设计图书馆的核心理念，并通过相应的行动和视觉设计系统有效地传达给社会公众。核心理念的设计要求符合图书馆的组织文化，体现图书馆的价值观，它将为 CIS 战略的设计及实施明确方向。图书馆的行为和视觉设计要求在内容上必须十分明确、具体，能够全方位、准确地传递组织信息。图书馆可以通过进行读者调查来完成这一工作，分析和掌握读者与本馆的所有接触点，如读者一进到图书馆就会对图书馆的外观产生印象；读者在利用图书馆的过程中，会对图书馆的标识系统、借阅环境、馆舍设备产生印象；读者在与工作人员交流的过程中，会对他们的业务水平、个人修养、语言服饰产生印象；读者在借阅过程中，会对图书馆的文献资源状况、检索系统的方便程度产生印象；甚至读者离开图书馆后，还会通过各种传播渠道获得图书馆的信息，产生不同的印象等。图书馆应根据所有的接触点设计行为和视觉识别系统，为读者设计好每一个工作环节和硬件设备，尤其是读者认为最重要的问题，努力提高读者的满意度，给读者留下良好的印象。

（5）CIS 战略的实施与管理

实施管理阶段是 CIS 战略管理的实质性阶段。图书馆在该阶段的主要任务是在全员教育的基础上，通过对物、事、人的运作管理，全面推进 CIS 战略计划的实施，实现预期目的，并对 CIS 战略实施效果进行评估，进一步改进或修正原有方案。

第三节 图书馆的公共关系

一、图书馆公共关系的含义

图书馆的公共关系是指图书馆与其相关公众的关系。它首先是指一种客观状态，指图书馆与社会公众之间的联系状态，反映社会公众对图书馆的印象、评价、支持与合作的程度和趋向。其次，图书馆的公共关系也是一种活动，指图书馆为了改善与其公众之间的关系而有目的、有计划地采取合适的信息传播手段所开展的规范性行动。图书馆的社会公众不仅包括图书馆的外部公众，如读者、新闻界、上级主管部门、社区、教育界、出版发行界、国外相关机构等，还包括内部公众，即图书馆的全体工作人员。

图书馆的组织文化、图书馆的形象与图书馆的公共关系是三个既有联系又相互区别的概念。图书馆的组织文化是指在图书馆内代代相传的文化传统、价值观念、道德规范、行为准则、工作作风、历史传统、典礼仪式等图书馆内部形成的一致的价值观系统；图书馆形象是指图书馆的内外公众对图书馆整体的、概括的、抽象的印象和评价；而图书馆的公共关系则是指图书馆与它的相关公众的关系。独特的组织文化是塑造具有鲜明个性的组织形象的灵魂，没有独特组织文化的引导便不会产生独特的经营理念和经营行为，信息传递就会失去生命力，图书馆的良好形象也就成了无源之水。

公共关系不同于组织文化。从作用的范围看，组织文化的作用是对内部员工形成强大的凝聚力，公共关系则是着重于对图书馆外部关系的处理；从作用的手段看，组织文化主要对内部员工通过教育、培训、管理、榜样力量、文化网络等手段来塑造图书馆共同的价值观，公共关系主要是针对外部公众，通过推出公众喜爱的、富有创意的活动来引起轰动效应，传播图书馆形象；从对处理危机的作用看，组织文化侧重于对危机的预防，公共关系侧重于对危机的解决。两者之间也是一种相互依存的关系，组织文化通过公共关系得以向内部推广、向外部传播，公共关系也要紧紧围绕组织文化建设的总目标来进行才能取得良好的效果。公共关系与组织形象的关系更为紧密。组织形象建设，第一可以依靠 CIS 战略，第二就是通过公共关系来进行。具体地说，公共关系的目标就是树立组织良好的社会形象。

二、图书馆开展公关活动的必要性

图书馆的公共关系活动可以增进图书馆与社会公众之间的相互理解、信任与合作，在公众中树立良好的形象，为本馆工作创造良好的社会环境。

（一）监测环境

图书馆公关活动的开展可以为图书馆收集内外部信息，主要包括图书馆服务工作的反馈信息和图书馆的形象信息。图书馆在与外部公众打交道的同时，要了解读者对图书馆信息服务的评价和他们的要求，根据读者的需求开展各项工作。公众对图书馆的形象评价也很重要，图书馆应在充分了解公众意见的基础上不断改进自己的工作，维护良好的形象。

（二）传播信息

社会公众对图书馆的认知是一直存在的，但是在图书馆没有开展公关活动时，这种认知是自发的，所接收的信息是零散的，不符合图书馆的期望。图书馆要想树立良好的社会形象，就要自觉地引导公众的认知行为，通过各种公关活动，将图书馆的真实情况及时有效地传播给公众，并将公众的反馈信息及时传递给图书馆，在相互沟通的过程中与公众保持良好的关系。

（三）树立形象

开展公关活动有助于图书馆树立良好的形象，图书馆可以通过各种公众喜闻乐见的活动加强同公众的交流，增进与公众的感情，传播图书馆的组织文化，增进公众对图书馆的了解，在公众中树立良好的形象。

（四）危机管理

当图书馆发生危机时，要采取有效的措施来控制和解决危机，控制局势的发展，以保证图书馆的正常运行。图书馆有可能碰到的危机包括新的服务项目开展的失败、新的信息产品开发的失败、产生重大的读者纠纷、关键人物的失去以及出台对图书馆发展不利的宏观政策等。当危机出现时，要冷静对待，将损害降至最低，并做好善后工作。

三、图书馆的公关活动对象及特点

（一）图书馆与读者的关系

读者是图书馆最主要的公众，为读者服务是图书馆的社会价值所在，因此，图书馆公关活动最重要的任务就是与读者建立良好的关系。首先，图书馆要树立读者至上的观念。只有树立正确的读者观，在图书馆的日常服务工作中，才能正确处理与读者之间的关系，收到良好的效果。其次，图书馆要为读者提供良好的服务。图书馆的信息服务是读者关系产生的基础，如果没有优质服务，读者对图书馆就会退避三舍，不愿同图书馆产生联系。再次，图书馆要妥善处理读者与本馆的各种纠纷。读者与图书馆发生纠纷时，表示读者对图书馆的行为已经有所不满，在这种情况下，图书馆应认真帮助读者解决问题，绝不可与读者争执。最后，图书馆还应正确引导读者的行为。开展读者教育和培训一直是图书馆的服务工作内容之一，未来图书馆的使用需要越来越多的检索、计算机操作、网络信息的知识，引导读者掌握这方面的技能是图书馆的职责。

（二）图书馆与新闻媒介的关系

新闻媒介主要是指新闻传播机构，如报社、杂志社、广播电台、电视台以及新闻界人士，如记者、编辑等。新闻媒介是图书馆传播信息的重要渠道，在图书馆与社会公众之间起到了桥梁的作用。它所传播的信息覆盖范围最大，影响最为深远，因此图书馆要想树立良好的形象，就必须正确处理与新闻媒介之间的关系。首先，图书馆要做到熟悉新闻媒介，根据不同新闻媒介的不同特点在传播信息时对其进行有效利用。通过新闻媒介传播组织信息并不等同于做广告，图书馆在经费紧张的情况下根本无力支付广告费用，但图书馆可以凭借其公益形象，吸引广大的新闻单位，主动向社会传播信息；其次，图书馆要保持新闻媒介渠道的畅通，要与新闻媒介建立长期的关系，图书馆里的高层领导要予以高度重视，并利用自身的社会关系加强与新闻媒介之间的良好合作关系。

（三）图书馆与社区的关系

社区是图书馆赖以生存的环境，图书馆尤其是社区图书馆、街道图书馆、村镇图书馆几乎是完全依赖社区而存在的。它的主要读者来源于社区，公共设施来源于社区，水电资源来源于社区，主要经费归根结底也是来源于社区，社区甚至为图书馆提供了一部分人力资源。因此，良好的社区关系是图书馆做好各项工作的基础。图书馆应该关心社区建设，把自己的发展同社区发展结合起来，为社区居民提供优质的信息服务，重视社区的环境保护和绿化，为开展社区教育和建设社区精神文明做出贡献。

（四）图书馆与上级主管机构的关系

图书馆的经费是通过上级主管机构划拨的，上级主管机构对图书馆的认识程度决定了图书馆所获经费的多少。因此，处理好与上级主管机构的关系，关系到图书馆的切身利益。图书馆应采取主动的措施，一方面主动向主管机构汇报工作，重视与之交流，使上级领导充分了解图书馆的重要作用和图书馆的需求，以保证图书馆有较为充足的经费；另一方面主动为上级领导提供与管理、决策相关的政治、经济、社会信息，通过良好的服务展现图书馆的社会价值，争取领导的认可。

（五）图书馆与其他社会组织的关系

图书馆应加强与其他社会组织的交流，建立良好的合作关系。如与企业合作开展社会经济调查，与各级学术机构保持联系，与其他信息机构加强合作实现资源共享。良好的公关状态有利于图书馆工作的顺利开展，拓展服务空间，争取公众的支持，更好地履行社会职能。

（六）图书馆与国际有关机构的关系

与国际有关机构搞好公共关系，首先，能够促进本馆在学术方面的交流，提高学术水平；其次，能够吸取国外先进的管理方法和经验，提高工作效率；其三，能够接触到最新的信息技术，走在时代的前列；最后，通过国际信息资源的互换，能够增强本馆的信息资源建设力量，节省经费。此外，有的国际机构还能为开展一些建设项目的图书馆提供一定的经费支持。

（七）图书馆与内部员工的关系

图书馆的人力资源是一笔巨大的财富，图书馆在人力资源建设的过程中，要重视与员工建立良好的关系。不仅要为员工提供物质上的支持，还要为员工建立起和谐的人际关系。关心员工的生活，并为员工提供发展的机会，使员工在工作中实现自己的人生价值。与员工建立良好的关系会提高员工的工作满意度，使员工发挥出自己的潜能。

四、图书馆开展公关活动的方法

（一）公关问题的确定

首先，要进行深层次的调查，对图书馆所面临的整个环境形势进行研究。一方面是进行内部分析，找到解决问题的基本资料；另一方面是进行外部分析，明确公众的态度。通过了解图书馆的现存公共关系状态，明确图书馆的公关问题所在。

（二）公关计划的制订

公关计划着眼于对采取怎样的措施、如何解决问题的整个过程进行策划。在明确公关活动所要解决的问题后，要明确开展公关活动的目标，选择重要的公关对象，根据公关对象的特点制订活动计划，如选择什么样的信息沟通渠道，选择什么样的时间、地点，要召集哪些人等。

（三）公关活动的实施

根据公关计划具体实施，如召开记者招待会、举办展览会、招待会，举行典礼、仪式或制造新闻事件等。在公关活动的实施过程中要时刻关注公众的反应，要多听取公众的意见。注意，公关活动的开展是一个图书馆与公众进行双向交流的过程。图书馆的公关活动要坚持讲真话的原则，对公众绝不能采取欺骗的手段。

（四）公关活动效果的评估

公关活动进行之后，图书馆要对比实际达到的效果与预先确定的目标，了解通过公关活动是否解决了问题。公关活动的效果评估要选择好标准，尽量做到标准的客观性和可衡量性，同时要做好记录。公关活动之后还要做好善后工作，对评估的记录要充分利用，以便为下一次公关活动提供借鉴。

第四节 图书馆的危机管理

图书馆作为社会的有机组成部分，不可能是"世外桃源"，也必然会出现突发事件或受到突发事件的影响。一方面，图书馆某些不恰当的行为可能引发社会性的冲突；另一方面，某些公共性的突发事件也会影响到图书馆的工作和活动。如果图书馆对这些突发事件处置不当，就会形成图书馆危机，给图书馆的形象、声誉造成极大损害。因此，图书馆在自身的生存、发展过程中必须高度重视危机的预防和管理工作。

一、图书馆危机

（一）图书馆危机的概念

对于管理学中的危机概念，清华大学公共管理学院的薛澜教授在前人研究的基础上提出了一个比较全面的定义，即危机通常是指决策者的核心价值观念受到严重威胁或挑战、有关信息很不充分、事态发展具有高度不确定性和需要迅捷决策等不利情境的汇聚。

由于图书馆的核心价值观念在于保障社会信息需求的有效满足，其在具体的图书馆活动中就表现为图书馆各项服务活动及其支持性业务和技术工作。因此，根据一般的危机定义，我们可以将图书馆危机理解为对图书馆各项服务活动及其支持性业务和技术工作产生干扰和威胁，进而影响到图书馆的持续健康发展，具有高度不确定性并缺乏有效信息支持的特殊图书馆决策环境。

（二）图书馆危机的特征

1. 一般意义上的危机特征

自 20 世纪 60 年代初危机管理理论出现以后，众多学者从不同角度对危机的特征进行了深入的探讨，并达成了基本一致。

（1）危机具有突发性和紧急性

一般来说，危机事件发生的确切时间、地点以及发生的形式具有不可预见性，而且通常是以违反社会秩序或人们的心理惯性而发展的，因而往往给人以猝不及防的心理感受。在危机状况下，组织面临严重威胁，必须采取非常措施才能扭转局势。

（2）危机具有高度不确定性

危机发生以后，人们往往不知所措，这不仅仅是因为危机事件的发生无法依据常规规则进行判断，而且其后的发展和可能涉及的影响也难以预料，一切都在迅速变化之中。

（3）危机具有强破坏性

危机的破坏性主要表现在有形的和无形的两个方面。所谓有形损害，指危机造成的财产损失、生命或健康的损害、正常秩序和规范的破坏、既定目标方向的偏离等；而无形损害则主要包括危机带来的组织形象、信誉受损，以及组织与利益相关者之间关系的扭曲恶化等。通常有形的损害比较容易察觉，而无形的损害不易察觉且往往更加致命。

（4）危机的影响具有一定的公共性

危机往往由组织内外关系中的某方面矛盾引发，然而它却不等于简单的冲突或矛盾，它是一种扩大化了的、对利益相关者具有普遍伤害性的矛盾。对于一个组织而言，组织与其最主要利益相关者之间冲突和矛盾的不可调和即意味着危机，因而它的影响具有一定的公共性。

2. 图书馆危机的特殊性

因为事业体制等各方面的原因，图书馆危机除具备以上几方面的特征以外，还有一些特殊性。

（1）图书馆体制相对稳定，潜伏的各种问题容易被忽视

一般而言，图书馆作为社会的一种文化事业机制存在，因而其生存往往由社会制度所维持。这样，图书馆个体即使在管理上出现明显混乱，在服务上遭到严重批评，仍然不存在所谓的"生存危机"。因此，图书馆内部出现的各种细小的或局部的问题往往不能得到及时解决，很容易被逐渐积累起来形成危机隐患。

（2）图书馆危机的破坏性更多存在于隐性层面，不易被察觉

不像企业遇到了危机会马上影响到它的生存，图书馆遇到的大多数危机并不会让它立即倒闭，因此图书馆危机不容易被人们所察觉。如近年来，一些造成图书馆形象危机的媒体关于图书馆的负面报道并没有引起图书馆的重视。如国家图书馆巴金赠书流失事件被媒体披露后，他们并没有及时处理并向公众解释，结果使同样的问题在三年后又被重新提起，造成了国家图书馆的被动。他们没有意识到媒体的这些负面报道严重损害了图书馆的形象，在隐性层面也给图书馆的长远发展带来了不利影响。

（3）图书馆面临的竞争比较间接，难以引起人们对危机的重视

现代社会经济文化及信息技术的发展已经给图书馆带来了方方面面的竞争。然而，由于图书馆作为一个主要依靠国家财政支持或上级拨款的事业单位，对商业性信息服务机构提供的信息产品和信息服务并没有感到竞争的紧迫性，从而造成了许多图书馆工作者安于现状、墨守成规，缺乏开拓进取精神，对由于竞争可能带来的图书馆生存和发展危机难以给予重视。

实际上，图书馆危机的这些特殊性也是造成人们对图书馆是否存在危机认识不清的重要原因。也正是由于这些特殊性的存在，使得图书馆危机往往不容易被人们所察觉。

（三）图书馆危机的类型

1. 人才危机

从整体上看，我国图书馆工作人员社会地位不高，经济收入有限，进修和提升的机会偏少，难以吸引和留住高学历、高素质以及有其他学科专业背景的人才。这种局面即使在素质相对较高的图书馆和专业图书馆中也普遍存在。人才的专业水平和综合素质普遍不高，严重制约了图书馆的发展。这样，由于图书馆能为馆员提供的发展条件有限，其吸纳的人才数量低于理想

水平；反过来，人才素质低下又限制了图书馆的发展……在这样的恶性循环中，图书馆就可能总是处于人才缺失的危机状态中。

2. 服务危机

图书馆服务主要包括借阅服务、检索服务、信息咨询服务、培训服务等。图书馆服务不仅应该在服务种类、可提供服务量、服务质量上逐步开拓和创新，还应该在服务态度、服务方法以及服务意识上不断加强和完善，否则将不能满足读者需求，最终导致读者流失，使图书馆变成现代社会的"藏书楼"。

3. 资源危机

文献信息资源是图书馆为读者提供文献信息服务的物质基础，也是读者利用图书馆的根本所在。特别是在网络条件下，如果图书馆不能充分发挥自己在文献信息的收集、加工、整理、传递和检索等方面的优势，建设自己完整的信息资源保障体系，就有可能失去对读者的吸引力，在日趋激烈的竞争中失去竞争力，进而可能被其他信息情报机构所取代，或逐渐被边缘化并最终失去存在的价值，导致生存危机。

4. 财政危机

我国为发展中国家，政府对文化事业的投入相对有限，加之纸质图书、期刊、网络数据库价格持续上涨，图书馆经费难以得到切实有效的保障，造成资源短缺，硬件设施相对落后，难以开展深层次技术开发和服务创新，最终导致图书馆业务萎缩，文献资源保障能力下降并最终危及图书馆的生存与发展。

5. 形象危机

图书馆是一个开放性的社会组织，不仅与读者、出版发行机构、上级及相关部门、媒体等直接发生关联，而且其运作过程也完全在社会公众监督下进行。因此图书馆必须在平时注意加强同读者和媒介的沟通，正确处理与读者和其他机构发生的纠纷，从而获得社会的理解和支持。否则就会破坏图书馆的公众形象，失去社会和公众的信任，导致形象危机。

6. 灾害危机

图书馆是一个人员密集、知识密集和设备设施密集的地方，任何灾害（比如地震、洪水、火灾等）都可能对图书馆造成巨大的人员、资源以及设备的损失。一旦图书馆防灾工作出现纰漏，则要承受巨大的经济损失与社会压力。

7.突发事件危机

近年来，世界范围的突发事件有愈演愈烈的倾向，危机事件涉及的领域呈多元化趋势发展，处理不当则有可能向政治领域、经济领域、文化教育领域等方向发展，甚至有可能影响到政府的信誉。

现实中的危机往往具有多维属性，具有多类危机的特点，体现出复合特征，这使图书馆危机分类难免挂一漏万。因此，我们倡导各图书馆根据图书馆类型、图书馆危机等级和发生频率、图书馆危机损失方面和程度、图书馆工作流程等综合考虑适合自己的危机分类与危机应对方法，不必拘泥一说。

二、图书馆危机管理

图书馆危机管理是图书馆为了避免或减轻危机事件所造成的不良后果，在危机前、危机中和危机后所采取的应对策略和管理措施。也可以说，图书馆危机管理是图书馆发现危机、规避危机、减少危机损害甚至将危机直接转化成发展契机的一种管理控制机制或过程。

（一）图书馆危机管理的目标

图书馆危机管理的目标如下：

1.保障图书馆及其读者的安全，包括保护图书馆建筑、设备、馆藏、软件系统与网络不受损坏，图书馆工作人员和读者免遭危险及侵害等。

2.保障图书馆既有的社会地位，维护图书馆的形象和声誉。

3.保障图书馆的健康发展，提升图书馆的核心竞争力。

4.保障图书馆事业的整体可持续发展，体现图书馆事业在构建和谐社会中的作用。

（二）图书馆危机管理的任务

1.危机预防

危机预防主要指在图书馆各要素配置、职能设计以及管理决策过程中，充分考虑其后续发展的可能性，尽量避免危机隐患的存在，并为可能出现的危机做好充分的应对准备。

2.危机监控、识别及预警

危机监控、识别及预警指对图书馆内外环境信息进行持续性的系统监测，及时发现异常情况，并迅速通报图书馆领导及相关职能部门积极应对，从而有效防止一些小问题、小矛盾扩大或恶化为图书馆危机。这也是图书馆危机管理最为核心的部分。

3. 危机控制

危机控制指在危机已经爆发的情况下，如何尽快控制局面，包括缩小危机的影响范围，尽可能减少危机造成的损失等。

4. 危机恢复

危机恢复工作涉及危机的事中和事后两方面。在危机过程中，图书馆应尽可能采用其他方式以保证受影响的核心工作能够继续进行；另外，在危机消除以后应尽快恢复图书馆工作的正常模式并积极弥补损失。

5. 在危机中学习

在危机中学习包括图书馆自身对危机管理工作经验教训的总结以及对其他图书馆相关经验的学习。这是提升图书馆危机管理能力、避免图书馆在后续管理活动中重蹈覆辙的重要保证。

（三）图书馆危机管理的原则

1. 战略先行、制度保障的原则

图书馆危机管理首先是一个战略规划和战略意识的问题，必须首先培养起全员的危机管理意识，制订出全馆的危机管理计划，构建好危机管理组织体系和制度保障体系，这是保障图书馆危机管理能够有效实施的前提。

2. 预防为主、补救为辅的原则

图书馆危机管理的主要目的在于避免危机的产生和扩散。因此，不能将危机管理简单等同于危机处理，而应该在危机发生之前明察秋毫，尽量避免危机发生。危机事件发生时，同样应该先以隔离危机损害、尽量减小危机的影响范围为重点，最后才是进行危机的补救和善后工作。

3. 坦诚合作、积极主动的原则

由于图书馆在不断走向开放，因而在其管理运营活动中不可避免地要牵涉越来越多与社会各方面形成的复杂利益关系。在图书馆危机管理过程中，必须妥善处理这些关系，积极进行信息沟通，与各利益相关群体建立起坦诚友好的合作关系，共同防范危机的发生和蔓延。

4. 标本兼治、内外兼修的原则

图书馆公共关系对于避免图书馆危机和解决图书馆危机具有非常重要的意义，但它并不是图书馆危机管理的全部。图书馆要避免危机、减少危机、解决危机，必须标本兼治，从自身入手，不断更新自己的服务理念，提高自己的运营管理水平。

5. 与时俱进、不断学习的原则

在图书馆危机管理过程中，不仅要对环境变化带来的不利因素保持敏感，同时还要保持对危机管理理论和方法发展的关注，保持对相关机构危机管理经验的期待。只有与时俱进、不断学习，才能不断提高图书馆的危机管理水平。

（四）图书馆危机管理的战略框架

图书馆危机管理是一项内涵十分丰富的管理活动。它既是一种资源管理，又是一种沟通管理；既是一种行为管理，又是一种情境管理。但最重要的，它首先应该是一种战略管理。也就是说，图书馆危机管理首先应该作为一种战略意识，然后才能够作为具体手段落实到图书馆管理活动的各个环节。战略层次的图书馆危机管理框架主要包括以下三个方面：

1. 危机观念和危机意识

居安必须思危，盲目乐观往往是引致危机的重要主观因素。图书馆危机管理战略要求图书馆树立明确的危机意识，促进危机意识在图书馆文化中的渗透，并逐步形成足以指导图书馆危机管理实践的危机管理理念。

2. 危机管理的制度保障体系

虽然图书馆危机的爆发具有偶然性，而且不同图书馆在不同时期所面临危机的特征也各不相同，但是各类型图书馆危机累积渐进的轨迹却是相同的，在危机来临时图书馆面临的困境也大多具有共通之处。因此，图书馆在危机管理战略指导下，建立一套从危机预防到危机应对再到组织学习提升的危机管理制度是可行的，它能够使图书馆在管理过程中实现以不变应万变，从而有效规避风险。

3. 危机管理的组织保障体系

图书馆危机事件是对图书馆生存和发展的重大威胁和挑战，往往需要多方面资源的协同应对。因此，图书馆建立起完善的危机管理组织体系对于应对图书馆危机事件具有至关重要的意义。一般来说，图书馆危机管理的组织保障体系应包括领导、沟通和协调三大部分。图书馆危机管理组织体系中的领导应当具有权威性，不仅要具有最高决策权，而且还要有权调度本馆的各种资源；沟通主要是指各种信息渠道的构建，以保证危机前的信息搜集、危机中的信息分析与对外发布，以及危机后相关档案的整理学习等信息渠道的畅通无阻；协调则主要是指图书馆人、财、物等资源的应急配置机制。

三、图书馆危机管理阶段论

（一）危机的生命周期与危机管理的基本任务

同一般意义上的危机一样，图书馆危机从产生到消除也是一个渐进的过程。一般而言，这一过程包含以下四个阶段：潜伏发展阶段、爆发扩散阶段、恢复痊愈阶段、转机阶段。图书馆危机渐进发展的阶段不同，构成要素、表现形式和影响范围也不相同。这就要求图书馆危机管理者有计划、有步骤地制定和实施危机应对策略，避免主次不清或管理错位。分为危机事前管理（危机预警）、危机事中管理（危机处理）以及危机事后管理（学习提升）三个阶段。

（二）图书馆危机事前管理

危机预防与危机管理准备是整个危机管理过程的第一个阶段，目的是有效预防和避免危机的发生。在某种程度上，危机发生的预防以及危机升级的预防比单纯的某一特定危机事件的解决显得更加重要。因为如果能够在危机未能发生之前就及时把产生危机的根源消除，则可以节约大量人力、物力和财力。

1.图书馆危机预警

图书馆危机预防又称图书馆危机避免，即所谓"防患于未然"。这个过程要求建立完善的危机预警系统，对危机征兆信息进行分析评估，及时向组织预报并通知到各相关部门和个人。

根据危机管理的一般理论，图书馆危机预警系统主要包括以下三部分：

（1）图书馆危机监测子系统

危机监测子系统的主体职能有三项：一是分析风险信息；二是监测危机动态；三是处理辅助信息。

在危机预警阶段分析风险信息主要是为了准确评判风险产生的根源和转化成危机的可能性，从而明确应对思路。同时深入反思图书馆在风险观念、管理策略和人、财、物资源配置方面的不足，为危机管理做好准备。

图书馆对危机动态的监测主要包括：①敏锐发现风险向危机转化的征

兆并进行相关分析，得出或验证有关危机演进的初始判断。②监测危机的发展速度和影响程度，以规划危机应对的总体原则和可行步骤。③研究利益相关者的态度和行为，以着眼大局，权衡利弊，在与利益相关者的互动中正确处理大与小、点与面、近与远的辩证关系。④追踪监测危机议题，了解议题的形成原因、传播机制和变化趋向，为有效设置、引导或改变议题提供决策咨询。

辅助信息则是指相关单位类似危机的应对案例与历史记录、上级主管部门的法规政策与管理规章、相关社会舆论的形成规则与发展态势以及危机预警的相关理论等。完备地收集这些相关信息将有利于图书馆正确把握管理活动的方向。

（2）图书馆危机评估子系统

危机评估主要有两个步骤：一是评估指标的设置；二是评估结论的形成。

设置危机评估指标目的是确立预估和评价危机等级状态的尺度。由于危机的复杂性和多变性，指标设置一般不是单一的，而是一个多维的体系，通常包括时间紧急程度指标、效益指标、财务指标、人力资源指标、声誉指标以及公关指标等。危机指标体系的设置必须遵循客观准确性、横向和纵向的可比性、动态性和完整性等基本原则。在图书馆危机评估指标体系的建立过程中可以参照传统的图书馆评估指标体系。

图书馆危机评估结论是制定危机管理策略的依据，对危机管理的成败起决定性的作用。一般而言，危机评估结论至少应包括三方面的内容：一是对危机发展进程的分析，全面描述危机产生的诱因、演进过程和扩散方式，对危机的现状做出判断，对未来的变化趋向做出预测；二是对危机危害程度的客观评估，如实反映已受到的损害，估计可能发生的潜在危害，研究损害的对象和损害的方式；三是对危机化解可行性的报告，指明应对危机所需要的主客观条件和内外部资源，对危机预控策略提出建议。

（3）图书馆危机预报子系统

在对危机信息进行监测和对危机状态进行评估后，要尽快向图书馆内外的利益相关者发出有关危机来临、危机发展及其危害的警报，以唤起其注意并采取预控措施。

图书馆危机预报子系统建设需要注意以下几方面的问题：

①危机预报主体的权威性与可信性

一般应由图书馆高层领导、危机直接相关部门负责人或者由他们指定的代表人向外界发布消息；同时，在图书馆内部，应当建立起清晰有效的信息传递路径，以保障信息传递的准确性；此外，图书馆在管理运营活动中建立起一套直观有效的形象识别标识，对于危机时刻排除噪音、有效传递信息也将具有十分重要的意义。

②传播手段的时效性

危机预报的媒介必须是图书馆用户最经常、最愿意接触的，同时应保证该媒介在危机状态下的正常传播效能。因此，图书馆一般可以同时利用广播、新闻发布会、电话或 E-mail 以及网站特殊页面等手段来发布消息。

③危机预报的可被接受性

为了保证危机预报被图书馆内外各相关群体正确理解并采取相应的防控措施，首先必须培养人们的危机意识，其次应对他们进行危机预防知识和技能的必要训练。这些必须建立在图书馆与相关群体长期有效沟通的基础上。

2. 图书馆危机管理准备

图书馆处于一个开放的复杂社会环境中，任何危机预防工作都不能确保万无一失，必须要为危机的来临和相关的非常规管理工作做好相应准备。

图书馆危机管理准备过程包括战略规划和资源保障两个方面。

战略规划是指在战略层面树立危机意识，并将此意识制度化、日常化。具体体现为图书馆危机管理战略框架的构建，包括组建危机管理团队，制订危机管理计划及突发事件紧急预案，以及在危机管理理念指导下对图书馆工作的各环节、各要素以及相关的各项规章制度进行必要的调整等。

资源保障则是指为危机管理准备必要的人、财、物资源，并保证资源调配及信息沟通渠道畅通，其中具体的工作包括相关的财务预算、必要的物资储备、内外各部门相关联系方式的维护与更新等。

（三）图书馆危机事中管理

1. 危机控制

危机控制又称"危机隔离"，即根据危机的具体情况确定应对策略，将危机影响范围和危机损害程度控制在最小，防止危机进一步扩散升级。

毋庸置疑，在危机隔离阶段果断决策对于图书馆至关重要。但是在危机状态下，时间紧迫，信息不对称，危机管理人员将面临巨大的压力。因此，管理者要有效地做出决策，必须要遵循以下原则：

（1）取舍原则

在危机进入紧急状态之后，即使是训练有素的危机管理团队也无法马上照顾到全局。这时必须迅速收集尽可能全面的信息，以确定危机的主要影响利益方，并对与图书馆全局利益关系最为密切的部分采取优先保护策略。

（2）以人为本的原则

一般而言，危机事件会导致对图书馆人员、财产、服务等各方面的全面破坏，危机管理的目标往往不止一个。但是，就短期目标而言，人员的生命安全显然属于最为核心的目标。因此在图书馆危机隔离阶段，首先应保障危机现场人员，尤其是用户的安全，同时要优先弥补由于危机造成的服务活动失常给用户带来的物质和精神方面的损失。

隔离阶段的图书馆危机管理具体包括以下两个方面：

①启用图书馆危机管理机构

一旦突发性危机事件发生，图书馆应立即启动危机管理计划或突发事件紧急预案，并按计划组织专门团队应对这些已经发生的危机。这样可以做到有的放矢、分工明确，不会让危机情势蔓延到图书馆的其他部门。

此外，启用危机管理机构，让一些人专职从事危机的控制工作，而让其他人能够继续从事图书馆的日常工作，这是很必要的。这样，图书馆将不会因为偶尔的一些意外事件而中止正常工作，从而在整体上保证图书馆各项业务工作和服务活动的连续性。

②转移图书馆受影响的服务并保证其他部门的正常运行

在图书馆危机管理团队全面展开各项工作的同时，图书馆其他业务、职能部门也应当积极做出反应。一方面，受危机影响的部门，如被洪水淹没的阅览室，应迅速转移到安全区域并尽可能继续提供服务；另一方面，尚未受到危机影响的部门，则应在做好相应防控措施的同时继续正常工作。事实证明，在危机环境下，图书馆尽量保持对外服务的持续性，有利于维护图书馆良好的社会形象，并争取到外部力量对危机管理工作的同情和帮助。

2.危机处理

危机隔离失败可能会导致危机的进一步恶化或升级，从而使图书馆全面陷入危机局面。在这种情况下，图书馆危机管理活动必须由危机管理机构的局部活动转向图书馆全员参与。此时，图书馆必须迅速调配可用资源，制定并实施有针对性的危机解决方案，化解或缓解危机，并尽量弥补危机损失，使图书馆恢复正常运转。

图书馆危机处理阶段的主要工作任务有如下几个方面：

（1）有关工作部署的实时决策

如停止服务、关门整顿、准备临时服务场所以及请求外援等。快速果断地决策并部署实施是及时把握危机处理时机、有效掌握信息沟通话语优势的重要保障。对于图书馆领导而言，必须具备快速判断、快速反应、快速决策、快速行动以及快速修正的综合能力。

（2）人、财、物等资源的迅速调度

这里尤其以人力资源的调度最为关键。在危机状况下，一方面，需要图书馆高层领导及部门负责人亲自出面以稳定局面并获取社会信任与支持；另一方面，在具体的危机处理活动中，应集中相关专业技术人员的智慧，科学、准确地对危机处理活动进行指导。此外，经费、物资方面的保障与有效的决策也存在非常密切的关系。

（3）与受危机影响的相关群体进行有效的信息沟通

在危机处理工作全面铺开的同时，图书馆还必须从防止危机进一步升级、避免不必要的误会和恐慌的角度出发，有目的、有选择地控制和引导有关危机信息的传播。在此过程中，新闻媒体和网络发挥着重要的作用。

（四）图书馆危机事后管理

危机处理阶段的结束并不意味着危机管理过程的全部终结，图书馆危机管理还有一项重要的工作，那就是危机事后管理。

1. 危机善后

经过危机管理前几个阶段的共同努力，危机事态得以控制，使图书馆危机事件最终被解决。但是，图书馆危机事件导致图书馆相关群体出现一种高度不稳定的紧张、失衡状态，而且这种状态可能会持续一段较长的时间。因此，这一时期必须对相关情况继续跟踪、反馈，以确保危机事件得到实质性的妥善解决。

图书馆危机善后的具体工作要根据图书馆危机产生的根源或后果来进

行安排，例如，修复或补充受损馆藏及相关设备、修葺馆舍、恢复正常业务工作及对外服务等。或者是对图书馆业务流程进行重新规划，对图书馆服务及管理制度进行修订完善，对图书馆组织结构进行调整等等。

2. 危机管理评估

图书馆危机处理活动结束以后，应当对危机管理成效进行全面评估，包括危机影响分析、危机管理成本分析以及危机处理结果分析等。

图书馆危机管理评估的所有活动都必须建立在认真仔细的调查分析的基础上。以危机管理评估为目的的调查包括图书馆工作人员、馆藏文献、建筑设备以及与读者相关的有形的人、财、物方面的损失统计，图书馆危机前后服务系统使用情况的对比分析，读者心理的变化等。

3. 总结学习

根据图书馆危机管理评估，可以对图书馆危机管理成效进行一个初步的评判，总结成功和不足之处，从而对图书馆危机管理制度和组织体系进行改善。同时形成相关的危机管理知识积累，以对后续的管理运营工作提供指导。

同时，危机的爆发或多或少反映了图书馆管理运营机制或某项决策过程中的失误。为此，还需要在危机事后对图书馆危机的诱因以及图书馆管理活动中各种问题由潜在风险转化成现实危机的原因进行全面反思，从基础上促进图书馆工作各环节的改进。

成功的图书馆危机管理最终还应当从危机中赢得转机。由于危机事件的危害性一般具有一定的公共性，常常不仅危害到图书馆本身，还会对上级主管部门、社区、用户群体等产生负面影响。图书馆应当抓住其中的契机，在危机来临之后迅速与这些利益相关者达成共识，建立更加紧密的合作关系，从而为图书馆未来的发展创造更加有利的条件。这方面典型的经验如2004 年 11 月的"信师事件"，事件被媒体披露之后，虽然一度给信阳师院图书馆带来各方面的严厉批评，但是图书馆领导一直抱着坦诚的态度与各方面进行沟通，最终通过全国图工委和中国图书馆学会的干预，促成了学院对图书馆经费和馆舍严重不足问题的重视，图书馆扩建计划终于获得批准，使图书馆赢得了新的发展机遇。

四、图书馆危机管理文化建设

图书馆危机管理文化是图书馆管理文化的重要组成部分。具体来说，它应当包含图书馆危机管理精神文化和图书馆危机管理制度文化两个层面。

（一）图书馆危机管理精神文化

图书馆危机管理范畴内的精神文化建设，主要指的是危机发展观和危机管理意识的培养。对于图书馆危机管理而言，首先需要树立起全馆上下居安思危的战略意识，这是统领全局的关键性步骤，同时也是图书馆危机管理的基础。具体来说，这一战略意识的内容主要应包括以下几个方面：

1. 整体的可持续发展战略

虽然图书馆从整体上讲在一定程度上受到体制的保护，但也必须认识到图书馆个体不合理行为的累积也必将对图书馆事业整体造成不良的影响。因此，必须以图书馆事业的整体发展目标及其所代表的社会利益来对图书馆工作人员进行广泛的思想教育，避免由于目光短浅导致决策失误。

2. 防微杜渐、未雨绸缪的危机意识

在许多人眼中，图书馆纵然存在很多问题，却不足以构成"危机"。而实际情况是，大多数图书馆的困境都是由小问题造成的。即使图书馆事业在国家和社会的强制力量下得以生存，其社会职能的缺失无疑对社会造成了巨大浪费，使得其在社会上的地位十分尴尬。因此，必须倡导每个图书馆对自身的小问题给予重视，防微杜渐；同时，还要未雨绸缪，时刻做好应对突发事件和危机的充分准备。

3. 积极主动的学习态度和竞争服务意识

由于图书馆的特殊社会角色，其所面临的竞争往往难以察觉，这对于图书馆的持续发展是不利的。图书馆必须对内外环境变化保持敏感，不断学习新知识、新技术，主动去应对各种直接或间接的竞争。

（二）图书馆危机管理制度文化

在图书馆制度文化建设中必须纳入危机管理理念，以便为危机管理战略的建立及阶段实施提供政策和制度框架的支持，同时也提供对危机管理行为规范的指导。

图书馆危机管理制度文化建设主要包括以下方面：

1. 图书馆的职能保障机制

包括事业地位的确立、职业发展相关的行为准则等，要从图书馆事业和图书馆职业两个层面分别提出具体要求。

2. 图书馆资源保障机制

包括人才培养、经费支持以及相关市场行为的约束机制等，如图书馆专业教学机构的设立及其必要的教学安排、图书馆经费的财政支持及相关的图书馆财务监督、知识产权及图书馆合理使用制度等。

3. 图书馆学习参与机制

包括内部学习交流、向兄弟馆学习、向商业性信息服务机构学习等，这对图书馆与时俱进、迎接竞争挑战具有重要意义。有必要在图书馆引入知识管理相关技术。

4. 图书馆监督评估机制

包括外部强制性监督和内部自主性监督。外部监督一般由图书馆上级主管部门或图书馆协会或其他社会团体来执行；而内部监督则主要包括系统监控、图书馆业务工作总结、读者意见反馈等。

5. 图书馆系统内外人、财、物资源调配协调机制

一般而言，图书馆各个工作部门之间需要保持一定的独立性，但同时也必须建立起相互之间的沟通协作关系，从而保障图书馆在紧急形势下能够尽可能调动一切可以利用的资源。

6. 图书馆系统的信息沟通机制

信息匮乏是危机情境的一个重要特征，对于危机管理来说，信息的有效获取显得格外重要。因此，必须建立起一套完整有效的信息沟通机制，既要包括正式的沟通渠道，也要包括非正式的沟通渠道，不仅能对危机征兆进行监测，也能在危机状况下有效地发挥作用。

上述各个方面构成了宏观的图书馆事业体系和微观的图书馆个体之间联合统一的图书馆危机管理体系。

五、图书馆危机管理组织建设

尽管图书馆危机的发生具有很大的偶然性，但是它同时也具有对图书馆发展的全局破坏性，所以图书馆危机管理不能仅仅依靠一两个馆领导来完成，它必将是一项复杂的系统工程。因此，图书馆有必要根据需要成立常设的或临时的危机管理小组，从全局的立场上对危机管理活动进行统筹规划、指挥协调，以达到危机管理的最佳效率。

（一）图书馆危机管理组织的建制

通常，图书馆由存在的具体问题发展成"危机"，其过程是比较缓慢的，而且其破坏性也往往表现在隐性层面，这就要求图书馆对各种相关因素予以长期的关注。

但另一方面，图书馆是一项由国家财政支持的社会公益性事业，在保证服务质量与效率的前提下，各项管理运营活动又有义务恪守节约的原则，包括人力资源的节约。因此，由现有的某个图书馆常设职能部门负责战略层面危机管理工作，并结合临时团队负责执行层面的具体危机事件的处理，对于我国大多数图书馆来说将是一个比较可行的选择。

具体来说，在大多数图书馆组织结构中已经包含了一个协调全馆工作的部门，即图书馆办公室（馆长办公室）。可以将危机管理的战略职能整合到这个职能部门中去，并吸收馆内其他部门的人员，共同组成一个相对比较松散的危机管理组织。而对于突发性危机事件，则可以根据危机的具体情况及危机管理组织的统一部署，组建临时性的危机处理小组。

（二）图书馆危机管理组织的职能

1.图书馆危机管理组织的战略职能

图书馆危机管理组织的战略职能主要是对图书馆危机管理全局工作进行方向性、原则性的指导，具体包括以下几个方面：

（1）制订图书馆危机管理计划和突发事件应急预案

表面看来，危机事件的发生大多带有很强的突发性，难以预测，而且各类型危机事件之间缺乏共性，制订管理计划似乎无章可循。但是，凡事预则立，不预则废。对于图书馆可能遭遇的危机和变故必须预先有所计划和防范。事实上，图书馆可以通过借鉴其他机构的经验教训，结合本馆特殊情况，制订出大略的危机管理计划。而对于一些频繁发生在图书馆的危机事件，特别是有可能对图书馆造成损害的公共危机，则有必要形成具体的危机预案。在图书馆危机管理计划中，应包括人、财、物等各方面的资源调配计划以及图书馆各部门之间、图书馆与社会公众之间、图书馆与上级主管部门之间信息沟通渠道的安排，而应急预案则应根据危害程度的等级对可能发生的危机分别制定有针对性的措施。

（2）构建图书馆危机管理系统

既然将危机管理作为一项复杂的系统工程来看待，那么还应当建立起相应的危机管理系统。这一套系统应当包括危机预警、危机应急处理、危机善后、总结学习等子系统，能够帮助图书馆收集并分析危机征兆，通过有效沟通协调机制调动全馆资源积极应对危机，并在危机消除之后形成有价值的学习档案，以指导后续的危机管理工作。

（3）开展危机意识教育与培训，树立科学的危机发展观

显然，仅仅依靠图书馆危机管理团队及其构建的一套系统化工具对于图书馆有效预防和应对危机仍然是不够的。图书馆危机管理组织还有必要在馆内开展危机意识的教育和宣传，使图书馆全体成员都树立起科学的危机发展观，并明晰自己在防范危机、维护图书馆整体形象中所应承担的责任，从而能够积极有效地配合危机管理团队的系统管理工作。

另外，图书馆危机意识教育在保持图书馆对危机的高度敏感性、提高馆员的危机心理承受能力的同时，还应当使全体馆员掌握必要的危机应对知识，这样才能做到有备无患。

（4）建立危机管理学习机制

俗话说，"吃一堑，长一智"。不管怎样，危机的发生对于图书馆而言都意味着严重的挫折，图书馆必须从中吸取教训。在危机消除之后，必须对危机发生的原因进行深入调查，对危机管理的经验进行全面总结，形成相关的学习档案，并组织有关部门和员工进行学习。同时，还应当建立起与兄弟馆之间的相互学习机制。

2.图书馆危机管理组织的操作执行职能

图书馆危机管理组织的操作执行职能则直接与危机或问题相关，具体体现在图书馆危机管理系统的整体架构中。

（1）操作职能

操作职能指为达到图书馆危机管理目标而直接针对图书馆工作环节或要素进行的具体改进或调整，以及相关的业务性工作。

（2）信息情报职能

信息情报职能是图书馆危机管理具体活动中的核心职能，其主要任务在于尽快收集、整理并有效发布尽可能全面的信息情报，以支持危机管理决策。

（3）沟通职能

沟通职能与信息情报职能紧密相连，包括对内和对外两个层面。对内的信息沟通主要在于促进部门之间的密切合作；而对外的信息沟通则主要着眼于争取各方面的利益相关者和社会的同情与帮助。

（4）后勤保障职能

后勤保障职能是在有效沟通的基础上，对危机管理其他职能的具体支持，包括人员培训、经费与物资调拨等。

（三）图书馆危机管理组织的构成

根据图书馆危机管理组织职能在战略和执行层面的不同安排，图书馆危机管理人员一般也分为危机管理战略领导人员和危机管理操作执行人员。

1. 图书馆危机管理战略领导人员

负责图书馆危机管理战略领导的人员应当包括：

（1）图书馆领导

指馆长或副馆长等具备较高决策权的领导者，他们加入危机管理小组，有利于从全局出发制订危机管理计划并指导实施。在必要的紧急情况下，还可以果断地发出强制性命令。

（2）各部门负责人

图书馆各业务部门的工作内容各有差别，涉及问题也有各自的特殊性。吸纳各部门负责人加入图书馆危机管理组织，有利于对不同领域发生的问题具体分析，使危机管理做到有的放矢。

（3）用户代表

图书馆是一个开放性的服务机构，对于图书馆发展过程中存在的问题和需要改进的方向，用户具有最高的发言权。因此，有必要吸收关心图书馆发展的用户参与图书馆危机管理的战略决策，以有效解决社会最关心的现实问题，避免图书馆出现危机。

（4）上级业务主管部门的相关领导

在图书馆危机战略决策过程中，必须重视上级业务主管部门的意见。这是因为上级主管部门往往对所辖范围内图书馆发展的现实状况拥有更加宏观的认识和把握，可以提供更加全面的咨询和建议；另外，图书馆个体决策的现实资源、环境等诸多方面都有赖于上级主管部门的支持和帮助。

2.图书馆危机管理操作执行人员

对应图书馆危机管理具体的操作执行职能，图书馆危机管理操作执行人员应包括：

（1）业务部门的技术人员和服务人员

这部分人员对图书馆的具体工作流程有较深入的了解，同时直接接触用户，能够及时发现危机情势。因此，他们应是图书馆危机管理的具体操作执行人员。

（2）咨询顾问人员

这部分人员主要是为图书馆危机管理决策提供相关法律、政策以及现实情报支持，应包括相关政策研究领域的专家、相关政府部门工作人员以及馆内信息情报分析人员等。

（3）公共关系专业人员

图书馆危机的产生和发展涉及方方面面的复杂关系，只有妥善处理好这些关系，图书馆才能够有效阻止危机的发生或蔓延。因此，做好对内对外信息沟通是图书馆危机管理的重要任务。图书馆危机管理组织中必须要有专门的人员，负责对媒体发布消息，与图书馆用户及相关利益群体进行对话等。公共关系人员一般应由图书馆内沟通能力强、熟悉情况的人员担任。

（4）行政后勤支持人员

图书馆危机管理需要通过这部分人员高效、规范的工作，及时沟通信息，合理调配人、财、物资源，并负责做好与危机管理相关的记录、存档、宣传材料制作及会议安排等大量日常工作。

总之，建立起一个责任到位、运行有序、精干高效的危机管理组织，可以使图书馆在遇到突发危机事件时沉着应对，有条不紊地对不同类型的危机进行分析和解决，从而提高危机管理的效率和成功度。

参考文献

[1] 杨灿明. 高校智慧图书馆服务创新研究 [M]. 长春：吉林科学技术出版社，2020.11.

[2] 翟萌. 医学图书馆服务与管理研究 [M]. 北京：北京工业大学出版社，2020.04.

[3] 淳姣，樊伟. 16 所世界一流大学图书馆服务特色及创新概览 [M]. 成都：四川大学出版社，2020.03.

[4] 郑德俊. 光明社科文库 移动图书馆服务质量评价及提升策略 [M]. 北京：光明日报出版社，2020.01.

[5] 杨永华. 智慧时代高校图书馆服务创新与发展研究 [M]. 北京：中国原子能出版社，2020.03.

[6] 彭拓夫，王红艳，王笑梅. 高校图书馆文化建设研究 [M]. 长春：吉林人民出版社，2021.10.

[7] 储节旺. 第三届安徽省高校图书馆服务创新大赛案例汇编 [M]. 合肥：中国科学技术大学出版社，2020.06.

[8] 郑辉，赵晓丹. 现代公共图书馆智慧服务平台建构研究 [M]. 长春：吉林人民出版社，2020.12.

[9] 冀萌萌，张瑞卿，崔佳音. 文化自信背景下我国图书馆的公共教育服务探索 [M]. 赤峰：内蒙古科学技术出版社，2020.06.

[10] 刘旭晖. 高校图书馆智慧化学科服务研究与应用 [M]. 中国原子能出版社，2020.05.

[11] 王蕴慧，张秀菊. 公共图书馆的服务体系建设与创新 [M]. 北京：中国纺织出版社，2021.12.

[12] 党跃武. 全国高校图书馆服务本科教育教学优秀创新案例 [M]. 成都：

四川大学出版社，2021.12.

[13] 苏芳荔. 图书馆数字人文服务 [M]. 北京：中国纺织出版社，2021.12.

[14] 高伟. 图书馆建设与阅读服务管理 [M]. 长春：吉林人民出版社，2021.06.

[15] 李蕾，徐莉. 图书馆管理策略与阅读服务创新研究 [M]. 长春：吉林人民出版社，2021.05.

[16] 庞余良，董恩娜，温颖. 数字化图书馆建设与阅读服务创新 [M]. 长春：吉林人民出版社，2021.06.

[17] 易斌. 政府购买公共图书馆运营服务研究 [M]. 北京：知识产权出版社，2021.09.

[18] 徐益波. 公共图书馆信用服务的宁波实践 [M]. 天津：天津大学出版社，2021.11.

[19] 云玉芹. 新时代高校图书馆社会化服务与创新 [M]. 长春：吉林人民出版社，2021.06.

[20] 张容. 联盟价值共创的高校医学图书馆学科服务实践与创新 [M]. 成都：四川大学出版社，2021.09.

[21] 刘鸿霞. 中国政法大学图书馆资源与服务报告 2018[M]. 北京：中国政法大学出版社，2021.11.

[22] 李一男. 现代公共图书馆资源建设与服务的多维透视 [M]. 长春：吉林大学出版社，2021.07.

[23] 宋菲，张新杰，郭松竹. 图书馆资源建设管理与阅读服务研究 [M]. 长春：吉林人民出版社，2021.10.

[24] 许莉. 公共图书馆古旧文献管理与服务 [M]. 长沙：湖南大学出版社，2021.08.

[25] 舒予. 高校图书馆学科服务研究及应用实践 [M]. 成都：四川大学出版社，2021.07.

[26] 刘志国，刘蕾. 图书馆空间服务理论体系的构建研究 [M]. 北京：中国书籍出版社，2021.07.

[27] 魏群义，许天才. 移动图书馆的用户体验模型与服务质量提升研究

[M]. 北京：中央编译出版社， 2021.04.

[28] 李敏 . 大数据环境下高校图书馆知识服务模式研究 [M]. 北京：机械工业出版社， 2021.10.

[29] 袁小群，国家新闻出版署语义出版与知识服务重点实验室 . 数字时代图书馆学情报学研究论丛 基于知识库的出版知识服务实现 [M]. 武汉：武汉大学出版社， 2021.10.

[30] 明均仁，郭财强，张俊，操慧子，陈蓉 . 知识管理与智能服务研究前沿丛书 基于多维动态数据的移动图书馆用户使用行为研究 [M]. 武汉：武汉大学出版社， 2021.12.